법 화 경 ④

우리출판사

사경의 목적

사경은 경전의 뜻을 보다 깊이 이해하려는 목적도 있지만, 부처님의 말씀을 옮겨 쓰는 경건한 수행을 통해 자기의 신심信心과 원력을 부처님의 말씀과 일체화시켜서 신앙의 힘을 키워나가는데 더 큰 목적이 있다.

조용히 호흡을 가다듬고 부처님의 말씀을 마음으로 되새기며, 정신을 집중하여 사경에 임하다 보면 자신도 모르는 사이에 사경삼매에 들게 된다. 또한 심신心身이 청정해져 부처님의 마음과 통하게 되니, 부처님의 지혜의 빛과 자비광명이 우리의 마음속 깊이 스며들어 온다.

그러면 몸과 마음이 안락과 행복을 느끼면서 내 주변의 모든 존재에 대한 자비심이 일어나니, 사경의 공덕은 이렇듯 그 자리에서 이익을 가져온다.

사경하는 마음

경전에 표기된 글자는 단순한 문자가 아니라 부처님께서 깨달은 진리라는 상징성을 갖고 있다. 경전의 글자 하나하나가 중생구제를 서원하신 부처님의 마음이며, 중생을 진리의 길로 인도하는 지침인 것이다.

예로부터 사경을 하며 1자3배의 정성을 기울인 것도 경전의 한 글자 한 글자에 부처님이 함께하신다고 생각했기 때문이다. 사경이 수행인 동시에 기도의 일환으로 불자들에게 널리 행해지는 까닭이 여기에 있다.

사경은 부처님의 가르침과 함께하는 시간이며 부처님과 함께하는 시간이다. 부처님의 말씀을 가슴으로 받아들이고 마음으로 찬탄하며 진실로 기쁘게 환희로워야 하는 시간인 것이다.

따라서 사경은 가장 청정한 마음으로 임해야 한다.

사경의 공덕

❀ 마음이 안정되고 평화로워져 미소가 떠나질 않는다.

❀ 부처님을 믿는 마음이 더욱 굳건해진다.

❀ 번뇌 망상, 어리석은 마음이 사라지고 지혜가 증장한다.

❀ 생업이 더욱 번창한다.

❀ 좋은 인연을 만나고 착한 선과가 날로 더해진다.

❀ 업장이 소멸되며 소원한 바가 반드시 이루어진다.

❀ 불보살님과 천지신명이 보호해 주신다.

❀ 각종 질환이나 재난, 구설수 등 현실의 고苦를 소멸시킨다.

❀ 선망조상이 왕생극락하고 원결 맺은 다겁생의 영가들이
  이고득락離苦得樂한다.

❀ 가정이 화목하고 자손들의 앞길이 밝게 열린다.

사경하는 절차

1. 몸을 깨끗이 하고 옷차림을 단정히 한다.

2. 사경할 준비를 갖춘다.(사경상, 좌복, 필기도구 등)

3. 삼배 후, 의식문이 있으면 의식문을 염송한다.

4. 좌복 위에 단정히 앉아 마음을 고요히 한다.
   (잠시 입정하면 더욱 좋다.)

5. 붓이나 펜으로 한 자 한 자 정성스럽게 사경을 시작한다.

6. 사경이 끝나면 사경 발원문을 염송한다.

7. 삼배로 의식을 마친다.

◆ 기도를 더 하고 싶을 때에는 사경이 끝난 뒤, 경전 독송이나
  108배 참회기도, 또는 그날 사경한 내용을 참구하는 명상 시간을
  갖는 것도 좋다.

◆ 사경에 사용하는 붓이나 펜은 사경 이외의 다른 용도에 사용하지
  않도록 한다.

◆ 완성된 사경은 집안에서 가장 정갈한 곳(혹은 높은 곳)에 보관하거나,
  경건하게 소각시킨다.

차 례

발 원 문

년 월 일

19. 법사공덕품

그때, 부처님께서 상정진보살마하살에게 말씀하셨다.

"만일 선남자 선여인이 《법화경》을 받아 지니고 읽거나 외우며 풀이하거나 옮겨 쓰면 이런 사람은 팔백 눈의 공덕과 천이백 귀의 공덕과 팔백 코의 공덕과 천이백 혀의 공덕과 팔백 몸의 공덕과 천이백 뜻의 공덕을 얻으리니, 눈·귀·코·혀·몸·뜻의 육근을 장엄하여 모든 것이 맑고 깨끗하게 되리라.

이 선남자 선여인은 부모로부터 받은 맑고 깨끗한 몸의 눈으로 삼천대천세계의 안팎에 있는 산과 숲과 강과 바다를 보게 되며 아래로는 아비지옥에서 위로는 유정천에 이르기까지 다 보게 되리라. 또한 그 가운데 있는 모든 중생을 보며 업의 인연과 과보로 나는 곳을 다 보고 다 알리라."

이때, 세존께서 이 뜻을 펴시려고 게송으로
말씀하셨다.

　　　만일 대중 가운데서　　두려움 없는 마음으로
　　　이 《법화경》 설하면　　그 공덕을 들어보라.
　　　이 사람은 팔백 공덕　　빼어난 눈을 얻으니
　　　《법화경》 장엄 공덕　　눈이 매우 청정하리.
　　　부모님께 받은 눈이　　삼천대천 무량세계
　　　안팎으로 미루산과　　수미산과 철위산과
　　　그 밖의 모든 산과 들　　큰 바다와 큰 강물들
　　　아래로는 아비지옥　　위로는 유정천까지
　　　그 가운데 여러 중생　　모든 중생 다 보나니,
　　　천안 얻지 못했어도　　육안의 힘 이러니라.

"또 상정진이여, 만일 선남자 선여인이 이 경
을 받아 지녀 읽거나 외우며 풀이하고 옮겨
쓰면 일천이백 귀의 공덕을 얻느니라.
이 맑고 깨끗한 귀로 삼천대천세계의 아래로

는 아비지옥, 위로는 유정천에 이르기까지 그
가운데 갖가지 말과 소리를 들으며, 코끼리·
말·소·수레의 소리와 우는 소리·탄식 소
리·북·종·방울 소리와 웃음소리·말소리
와, 남자·여자·사내아이·계집아이 소리와
법의 소리·법 아닌 소리와 괴로운 소리·즐
거운 소리와 범부의 소리·성인의 소리와 기
쁜 소리·기쁘지 않은 소리와, 하늘 소리·
용·야차·건달바·아수라·가루라·긴나
라·마후라가 소리와, 불소리·물소리·바람
소리와 지옥·축생·아귀 소리와 비구·비구
니 소리와 성문·벽지불·보살·부처님의 소
리를 들으리라.
줄여서 말할진대 삼천대천세계 가운데의 모
든 안팎의 소리를 하늘 귀가 없이도 부모 소
생의 맑고 깨끗한 귀로 다 들으니, 이렇게 갖
가지 소리를 분별하여 들어도 귀가 파괴되지

않느니라."

그때 세존께서 이 뜻을 펴시려고 게송으로 말
씀하셨다.

부모님께 받은 그 귀　　청정하고 흐리지 않아

이런 귀로 삼천세계　　나는 소리 다 들으니

코끼리 말 소 수레　　종과 방울 북 소리며

가야금과 비파 퉁소　　피리 부는 소리들과

청정한 노랫소리　　듣고 집착 아니하며

수없는 사람 소리　　다 듣고서 알아내네.

여러 하늘 모든 소리　　그 소리도 다 들으며

남자 소리 여자 소리　　동자와 동녀 소리

산천의 깊은 계곡　　가릉빈가 소리와

여러 가지 새의 울음　　그 소리를 모두 듣고

지옥에서 받는 고통　　그 소리도 다 들으며

배가 고픈 아귀들이　　먹을 것을 찾는 소리

많고 많은 아수라들　　바닷가에 모여 가서

서로 주고 받는 말들　　그 큰소리 들으면서

《법화경》 설하는 이　　여기 편히 머물면서

그런 소리 다 들어도　　귀가 파괴 아니 되네.

시방 세계 가운데서　　짐승들이 우는 소리

설법하는 그 사람은　　여기에서 모두 듣고

그 여러 범천세계　　광음천과 변정천과

유정천서 하는 말들　　여러 가지 소리들을

《법화경》 설한 법사　　모두 얻어 듣고 있네.

모든 비구 대중들과　　많고 많은 비구니들

경전 읽고 외우면서　　남을 위해 설하는 말

법사 여기 머물면서　　그런 소리 다 듣노라.

또 다시 여러 보살들　　경법 읽고 외우며

남을 위해 설하고　　깊은 뜻을 해석하는

이와 같은 여러 음성　　그 모두 잘 들으며

부처님 대성존께서　　중생 교화 하시느라

많은 대중 가운데서　　묘한 법을 연설하니

이 경을 가진 이는　　그 말씀을 다 들으며

삼천대천 큰 세계에　　안과 밖의 모든 음성

아래로는 아비지옥   위로는 유정천까지

그 소리를 다 들어도   귀에 아무 장애 없어

그 귀는 총명하여   모든 소리 분별하네.

이 경을 가진 이는   하늘귀를 못 얻고도

타고 나온 이 귀로써   그 공덕이 이렇노라.

"다시 상정진이여, 만일 선남자 선여인이 이 경을 받아 지녀 읽고 외우며 풀이하고 베껴 쓰면 팔백 코의 공덕을 얻느니라.

이 청정한 후각으로 삼천대천세계 안과 밖의 갖가지 내음을 맡으니, 수만나꽃 향기·사제꽃 향기·말리꽃·첨복꽃·바라라꽃 향기와 붉은 연꽃 향기·푸른 연꽃·흰 연꽃 향기와, 꽃나무 향기·과일나무 향기와 전단향·침수향·다마라발향·다가라향과 천만 가지로 조화한 향, 혹은 가루향과 환으로 된 향과 바르는 향을, 경 받아 지니는 이는 여기에 있으면서 분별하리라.

또 중생들의 냄새를 분별하니 코끼리 냄새,
말·소·양 등의 온갖 냄새와 남자 냄새, 여
자·동자·동녀 냄새와 나무와 숲의 냄새들,
가깝거나 멀리 있는 모든 냄새를 다 맡아 가
려내어 그릇됨이 없느니라.
이 경을 받아 지니는 이는 여기 있으면서도
천상의 온갖 하늘 냄새를 맡으니, 바리질다
라·구비다라나무 향기와 만다라꽃·마하만
다라꽃·만수사꽃·마하만수사꽃·전단향·
침수향·갖가지 말향과 온갖 꽃의 향기 등이
와 같은 하늘 향기 뒤섞여 나는 향기를 맡아
서 식별하며, 또 모든 하늘사람의 향기를 맡
으니 석제환인이 훌륭한 궁전에서 오욕락을
즐기면서 희롱할 때의 향기, 묘법 단상에서
도리제천을 위하여 설법할 때의 향기, 모든
동산에서 노닐 때의 향기와 다른 하늘들의 남
녀 몸에서 나는 향기를 멀리서 맡아서 차츰

법천에 이르고, 위로는 유정천에 이르기까지 모든 하늘 사람의 몸 향기를 맡으며 모든 하늘에서 사르는 향기를 맡느니라.

또 성문의 향기·벽지불·모든 부처님 몸의 향기를 멀리서 맡아 그 있는 곳을 아느니라.

비록 이런 향기를 맡으나 후각은 파괴되지 않고 그릇됨이 없으며, 이를 분별하여 다른 이에게 말해주려 할 때도 기억이 분명하여 그릇됨이 없느니라.

이때, 세존께서 이 뜻을 펴시려고 게송으로 말씀하셨다.

   이런 사람 청정한 코　　여러 세계 가운데의
   향기나 물건 냄새　　갖가지로 다 맡으며
   수만나향 사제꽃향　　다마리향 전단향과
   침수향과 계향들과　　과일 향기 다 맡으며
   남자 여자 중생들의　　온갖 향기 또한 맡고
   법사는 멀리서도　　그 계신 곳 알아내며

대전륜왕 소전륜왕 　그 아들과 여러 군신
궁인들이 있는 곳을 　향기 맡고 알아내며
몸에 지닌 귀한 보배 　땅속에 든 보물이나
전륜왕의 궁녀들을 　향기 맡고 알아내며
여러 사람 장신구와 　의복이나 영락이며
갖가지로 바른 향을 　향기 맡고 알아내며
천인들 나고 앉고 　신통변화 하는 이들
《법화경》을 가진 이 　냄새로써 알아내고
여러 나무 꽃과 과일 　모든 기름 냄새들을
경 가진 자 여기에서 　그들 있는 곳을 알며
깊은 산 험한 계곡 　전단향의 꽃이 피면
그 가운데 있는 중생 　냄새 맡고 알아내며
철위산과 큰 바다와 　땅속 여러 중생들
경 가진 자 냄새 맡고 　그들 있는 곳을 알며
아수라의 남자들과 　여러 여자 권속들이
투쟁하고 유희함을 　냄새 맡고 알아내며
거칠고 넓은 광야 　사자 코끼리 호랑이

이리 들소 물소들   있는 곳을 맡아 알고

임신한 여인 몸속   사내앤가 계집앤가

중성인지 비인인지   냄새 맡아 알아내며

냄새 맡는 이런 힘은   처음에 잉태한 몸

성취 또는 불성취와   복된 아들 알아내며

냄새 맡는 이런 힘은   남녀들이 생각하는

속되고 성내는 일과   닦는 선을 알아내며

땅속에 감추어진   금과 은과 많은 보배

구리로 만든 물건   향기 맡아 알아내며

갖가지 많은 영락   그 값 모르더라도

귀하고 천한 것들   냄새 맡고 있는 곳 알며

하늘의 그 많은 꽃들   만다라꽃 만수사꽃

바리질다나무 등을   냄새 맡아 알아내며

하늘의 여러 궁전   상 중 하의 여러 차별

보배꽃의 장엄함을   향기 맡아 알아내며

하늘 동산 좋은 궁전   미묘한 법당에서

노래하고 유희함을   냄새 맡아 알아내며

여러 하늘 법을 듣고　혹은 오욕 받을 때에

오며 가며 노는 일을　냄새로써 모두 알고

처녀들이 입은 옷에　꽃과 향을 장엄하고

두루 돌며 즐겨 놀 때　향기 맡고 모두 알며

이와 같이 점차 하여　범천 세계 올라가서

선정에 들고 나옴　향기 맡아 알아내며

광음천과 변정천과　유정천 등 여러 하늘

처음 나고 없어짐을　맡아서 알아내며

많은 비구 대중 있어　법에 항상 정진하며

앉고 서고 경행하고　경전 읽고 외우면서

혹은 숲속 나무 아래　정진하며 좌선함을

경 가진 이 냄새 맡아　있는 곳을 알아내고

보살들 뜻이 굳어　좌선하고 읽고 외며

남을 위해 설법함을　냄새 맡아 알아내며

방방곡곡 계신 세존　모든 공경 받으면서

중생 위해 설법함을　향기 맡아 알아내며

부처 앞에 있는 중생　이 경 듣고 기뻐하며

법 따라서 수행함을   향기 맡아 알아내고
무루법을 얻지 못한   보살의 코일지라도
이 경전 갖는 이의   코 공덕은 이렇노라.
"또 상정진이여, 선남자 선여인이 이 경을 받
아 지녀 읽고 외우며 풀이하거나 베껴 쓰면
천이백 혀의 공덕을 얻으리니, 좋거나 나쁘거
나 맛있고, 맛없고, 온갖 쓰고 떫은 것도 그
혀에 닿으면 모두 좋은 맛으로 변하여 하늘의
감로수 같아서 달고 맛있게 되느니라.
만일 이 혀로 대중에게 법을 연설하면 깊고
묘한 음성이 나와 듣는 이의 마음을 기쁘게
하고 쾌락하게 하느니라.
또 여러 천자·천녀와 제석·범천 여러 하늘
이 깊고 묘한 음성으로 차례대로 설법함을 모
두 와서 들으며, 또 여러 용·용녀와 야차·
야차녀와 건달바·건달바녀와 아수라·아수
라녀와 가루라·가루라녀와 긴나라·긴나라

녀와 마후라가·마후라가녀들이 법을 듣기
위해 와서 친근하고 공경하며 공양하느니라.
또 비구·비구니와 우바새·우바이와 국왕·
왕자와 군신·권속이며 소전륜왕·대전륜
왕·칠보·천자 내외 권속들이 궁전을 타고
와서 법을 청하리라.
이 보살이 법을 잘 설하므로 바라문과 거사와
나라 안의 백성들이 목숨을 다하도록 모시며
공양하리라.
또 여러 성문·벽지불과 보살과 여러 부처님
이 항상 즐겨 보며, 이 사람 있는 곳에는 여
러 부처님이 다 그곳을 향해 법을 설하시니,
이 사람은 모든 부처님의 법을 받아 지니며,
능히 깊고 묘한 법을 설하리라."
이때, 세존께서 이 뜻을 펴시려고 게송으로
말씀하셨다.

　　이런 사람 청정한 혀　　나쁜 맛을 보지 않고

먹고 씹는 모든 음식   감로 맛이 되느니라.

깊고 묘한 음성으로   대중 위해 설법하며

여러 가지 인연 비유   중생 마음 인도하네.

모두 듣고 기뻐하며   좋은 공양 올리네.

여러 하늘 용과 야차   아수라의 여러 중생

공경하는 마음으로   함께 와서 법을 듣네.

이런 설법 하는 이가   미묘한 그 음성으로

삼천 세계 채우려면   그 뜻이 곧 이뤄지며

크고 작은 전륜성왕   일천 아들 권속들이

공경한 맘 손 모으며   항상 와서 법을 듣네.

모든 하늘 용과 야차   나찰이나 비사사도

마음들이 기뻐하여   항상 즐겨 공양하며

범천왕과 마왕들과   자재천과 대자재천

이와 같은 하늘 중생   항상 그곳 찾아오네.

여러 부처님과 제자   그 설법 들으면서

생각하고 수호하며   때로는 몸 나투네.

또 상정진이여, 만일 선남자 선여인이 이 경

을 받아 지녀 읽고 외우며 풀이하고 베껴 쓰
면 팔백 몸의 공덕을 얻으리라.

맑고 깨끗한 몸을 얻되, 맑은 유리와 같아서
중생이 보기를 좋아하며, 그 몸이 맑고 깨끗
하므로 삼천대천세계 중생이 날 때, 성품의
높고 낮음, 모양의 좋고 나쁨, 좋은 곳에 나
고 나쁜 곳에 나는 것이 모두 그 몸 가운데
나타나니라.

또 철위산·대철위산과 미루산·대미루산 등
여러 산에 있는 중생들이 그 몸에 나타나며
아래로 아비지옥, 위로는 유정천에 이르기까
지 중생들이 다 그 몸 가운데 나타나며, 또
성문·벽지불과 보살과 여러 부처님의 설법
이 다 그 몸 가운데 빛깔로 나타나니라."

이때, 세존께서 이 뜻을 펴시려고 게송으로
말씀하셨다.

　이 경을 지니는 이 　그 몸 매우 청정하여

유리 같이 맑고 맑아　　　중생 보고 기뻐하네.

또 맑고 밝은 거울　　　여러 빛깔 비치듯이

청정한 보살 몸에서　　　세상 모든 것 다 보며

혼자서만 밝게 알 뿐　　　다른 사람 못 보느니라.

삼천 세계 가운데서　　　모든 중생들의 형상

하늘 인간 아수라와　　　지옥 아귀 축생들의

이러한 여러 형상　　　그 몸에서 나타나며

모든 하늘 여러 궁전　　　유정천의 여러 권속

철위산과 미루산과　　　마하미루산과 여러 산

큰 바다와 작은 강이　　　그 몸 안에 나타나며,

여러 부처 성문들과　　　불자들과 보살이

홀로 혹은 대중에서　　　설법함이 나타나며

무루법성 미묘한 몸　　　비록 얻지 못했으나

청정한 그 몸 안에　　　모든 것 나타나네.

"다시 상정진이여, 만일 선남자 선여인이 여래가 멸도한 뒤에 이 경을 받아 지녀 읽고 외우며 풀이하고 베껴 쓰면 천이백 뜻의 공덕을 얻노라.

이 맑고 깨끗한 뜻으로 한 게송이나 한 구절
만 들어도 헤아릴 수 없고 가이없는 뜻을 통
달하니, 이 뜻을 알고 한 구절 한 게송을 설
하되, 한 달·넉 달에서 일 년이 되어도 설하
는 모든 법이 그 뜻을 따라서 참모습과 서로
어긋나지 아니하며, 만일 세간의 경서나 세상
을 다스리는 말과 생활하는 사업을 말하더라
도 다 바른 법에 따르며, 삼천대천세계 여섯
가지 갈래에 있는 중생이 마음으로 행하는 바
와 마음으로 논하는 바를 모두 아니, 비록 참
모습을 있는 그대로 보는 지혜는 얻지 못했어
도 그 뜻이 맑고 깨끗하여, 이 사람이 생각하
며 헤아리고 말하는 바는 다 부처님의 가르침
과 똑같이 진실하지 않음이 없으니, 이는 과
거 부처님이 경전 가운데에 설하신 바와 똑같
느니라."

이때, 세존께서 이 뜻을 펴시려고 게송으로 말씀하셨다.

이 사람의 청정한 뜻   영리하고 지혜로워

미묘한 의근으로   상 중 하의 법을 알고

한 게송만 듣더라도   무량한 뜻 통달하며

법과 같이 설법하되   한 달, 넉 달, 일 년 세월

이 세계의 안과 밖의   여러 모든 중생들과

하늘 용과 인간들과   야차와 여러 귀신 등

육취 중에 있는 것들   마음으로 생각함을

이 경 지닌 공덕으로   일시에 모두 아느니라.

시방 계신 많은 부처   백복으로 장엄하며

중생 위해 설법하면   듣고 받아 지니면서

무량한 뜻 생각하고   끝없이 법 전해도

시종 착오 없는 것은   《법화경》을 지닌 공덕

법의 모양 모두 알고   뜻에 따라 차례 알며

명자 언어 통달하여   아는 바를 연설하며

이런 사람 하는 설법   그 모두가 불법이니

이 경 연설함으로써   두려움이 없느니라.

《법화경》지닌 이는   뜻의 청정 이와 같아

비록 무루 못 얻어도   이런 모양 갖추니라.

이 사람이 경 지녀   희유한 경지 머물러서

모든 중생 위하니   기뻐하고 공경하며

천만 가지 방편으로   좋은 법문 분별하여

중생 위해 설법함은   《법화경》을 지닌 공덕.

20. 상불경보살품

그때, 부처님께서 득대세보살마하살에게 말씀하셨다.

"만일 비구·비구니와 우바새·우바이로서 《법화경》을 지닌 이를, 어떤 이가 악한 말로 꾸짖고 비방하면 큰 죄보를 받는 것이 앞에 말한 바와 같고, 그 얻는 공덕은 이제 말한 바와 같아서, 눈·귀·코·혀·몸·뜻이 맑고 깨끗하리라.

득대세여, 헤아릴 수 없고 가이없고 생각조차 할 수 없는 아승지겁을 지난 오랜 옛날에 부처님이 계셨으니, 이름은 위음왕 여래·응공·정변지·명행족·선서·세간해·무상사·조어장부·천인사·불세존이시라. 그 시절의 이름은 이쇠요, 나라 이름은 대성이라. 그 위음왕 부처님께서 그 세상에 하늘·사람·아수라를 위하여 가르침을 말씀하시되, 성문의 경지를 구하는 이들을 위하여는 사제법을 설하여 생·노·병·사에서 벗어나 열반에 이르게 하시며, 벽지불 구하는 이들을 위하여는 십이인연법을 설하시며, 보살들을 위하여는 위없이 높고 바른 깨달음인 육바라밀을 설하여 부처님 지혜를 성취케 하시니라.

득대세여, 이 위음왕불의 수명은 사십만억 나유타 항하의 모래 수와 같은 겁이요, 바른 법이 세상에 머무는 겁의 수는 일염부제의 가는 티끌과 같고, 상법이 세상에 머무는 겁수는 네 천하의 가는 티끌과 같느니라.

그 부처님께서 중생을 이롭게 하신 뒤에 멸도하시고 정법과 상법이 다한 뒤, 이 국토에 다시 부처님께서 출현하시니 이름이 위음왕여래·응공·정변지·명행족·선서·세간해·무상사·조어장부·천인사·불세존이시라.

이와 같이 차례로 이만억 부처님께서 나타나시니 다 같은 이름이었노라.

최초의 위음왕여래가 멸도하시고 정법이 멸한 뒤, 상법이 세상에 행하여지고 있을 무렵, 깨달음을 얻은 체하는 증상만의 비구들이 큰 세력을 가졌으니, 그때 한 비구가 있어 이름이 남을 업신여기지 않는 사람이라는 뜻의 상불경이라.

득대세여, 무슨 인연으로 이름을 상불경이라 하는가. 이 비구가 보이는 대로 비구·비구니거나 우바새·우바이거나 다 그들을 예배하고 찬탄하며 이렇게 말하였느니라.

'내가 그대들을 존경하며 업신여기지 아니하나니, 이유는 그대들은 모두 보살도를 행하여 부처님이 되실 분들이기 때문이라.'

이 비구는 경전을 읽지도 외우지도 아니하고, 다만 예배만을 행하며 사부대중이 멀리서 보이면 짐짓 가서 예배 찬탄하였느니라.

'내 그대들을 업신여기지 않는 것은 그대들 모두 부처님이 되실 분들이기 때문이라.'

사부대중 가운데 성내는 마음을 잘 내며 마음이 부정한 자가 악한 말로,

'이 무식한 비구야, 어리석어 외서 나는 그대들을 업신여기지 않노라고 하면서 우리에게 수기를 주되 마땅히 부처님이 될 것이라고 하느냐, 우리들에겐 이러한 그릇된 수기는 소용없다.' 하였노라.

이 같이 여러 해를 두고 항상 욕설을 당하여도 성내는 마음 일으키지 아니하고 항상 이렇게 말하니,

'그대들은 부처님이 되실 분들이라.'

이 말을 할 때, 여러 사람이 몽둥이와 기와와 돌로 때리고 던지면, 상불경은 피해 달아나면서 더 큰소리로 외쳐 말하였느니라.

'내 그대들을 업신여기지 아니하노라. 그대
들은 부처님이 되실 분들이기 때문이라.'
그가 항상 이런 말을 하는 고로 증상만의 비
구·비구니와 우바새·우바이들은 이 비구를
상불경이라 하였느니라.
이 비구가 임종하려 할 때, 허공에서 위음왕
부처님께서 앞서 설하셨던, 《법화경》의 이십
천만억 게송이 들려와 상불경이 모두 듣고 다
받아 지녀 곧 위에서 설한 바와 같은 눈의 맑
고 깨끗함과 귀·코·혀·몸·뜻 등이 맑고
깨끗함을 얻었느니라. 이 여섯 가지 감각기관
의 맑고 깨끗함을 얻어 다시 목숨이 늘어나
이백만억 나유타의 세월 동안 남을 위하여 이
《법화경》을 설했느니라.
이때, 증상만의 사부대중인 비구·비구니·
우바새·우바이들과 이 사람을 경멸하여 상
불경이라 별명을 지은 자들이, 그가 큰 신통

력·요설변력·큰 선적력 얼음을 보고 그 설
하는 법을 듣고 따르니, 상불경보살이 다시
천만억 중생을 교화하여 위없이 높고 바른 깨
달음에 머물게 하였노라.

보살이 임종한 뒤에 이천억 부처님을 만나 뵈
니, 이름이 다 일월등명이시라. 그 법 가운데
서 이《법화경》을 설했으며 이 인연으로 다시
이천억 부처님을 만나 뵈니 이름이 다 같이
운자재등왕 부처님이시라. 상불경은 이 모든
부처님들이 말씀하신《법화경》의 진리를 받
아 지녀 읽고 외우며 모든 사부대중을 위하여
이 경전을 설하므로, 눈이 맑고 깨끗해지며
귀·코·혀·몸·뜻 등 모든 기관이 맑고 깨
끗함을 얻어 사부대중에게 법을 설하되 마음
에 두려움이 없었느니라.

득대세여, 이 상불경보살마하살은 이와 같이
여러 부처님을 공양·공경하고 존중·찬탄하

며 온갖 선근을 심고 그 뒤에 다시 천만억 부처님을 만나 여러 부처님 법 가운데서 이 경전을 설하여 공덕을 성취하고 성불하게 되었노라.

득대세여, 그대의 생각은 어떠하냐. 그때 상불경보살이 바로 내 몸이었노라. 만일 내가 과거세에 이 경을 받아 지니고 읽고 외우며 남을 위해 설하지 아니하였더라면 위없이 높고 바른 깨달음을 빨리 얻지 못하였으리라.

나는 앞서 계셨던 많은 부처님이 계신 곳에서 이 경을 받아 지녀 읽고 외우며 남을 위해 설했기 때문에 빨리 위없이 높고 바른 깨달음을 얻었노라.

득대세여, 그때 사부대중인 비구·비구니·우바새·우바이는 성내는 마음으로 나를 경멸하였으므로, 이백억 겁 동안이나 부처님을 만나 뵙지 못하고 부처님의 가르침을 듣지 못하며 스님을 보지 못하였으므로 천 겁 동안을 아비지옥에서 큰 고통을 받았으며, 이 죄보를 다 마치고 다시 상불경보살이 위없이 높고 바른 깨달음으로 인도하여 교화함을 만났느니라.

득대세여, 그대의 생각은 어떠하냐. 그때 사부대중으로 항상 이 보살을 경멸한 자들은 다른 사람이 아니라, 이 법회에 동참한 발타바라 등 오백 보살과 사자월 등 오백 비구와 니사불 등 오백 우바새들이니, 모두가 위없이 높고 바른 깨달음에서 물러나지 않는 이들이라.

득대세여, 이 《법화경》은 모든 보살마하살을 크게 이익케 하여 위없이 높고 바른 깨달음에 이르게 하니라.

그러므로 여러 보살마하살은 내가 멸도한 뒤에 항상 이 경을 받아 지니고 읽고 외우며 해설하고 베껴 쓸지니라."

이때, 세존께서 이 뜻을 펴시려고 게송으로 말씀하셨다.

옛날의 한 부처님   그 이름은 위음왕불

신통지혜 헤아릴 수 없어   모든 중생 인도할 새

하늘 인간 용 귀신   정성스런 공양 받고

위음왕불 멸도하여   법이 다하려 할 때에

보살 한 분 계셨으니   그 이름 상불경 보살.

그때 사부대중들은   법에 매우 얽매이어

상불경 자비 보살이   곳곳마다 찾아가서

대중들께 하는 말은   그대 경멸 아니하니

그대들도 도를 닦아   모두 성불하리라고.

이 말 들은 여러 대중   비방하고 욕을 해도

상불경 자비보살은   능히 받아 다 참으며

속세의 죄 다한 뒤   임종할 때 이르러서

이 경전을 얻어 듣고   육근이 청정하므로

신통력을 나투어서   목숨을 더 연장하여

다시 중생 위하여서   이 경전 널리 설하니

법에 걸린 중생들이 　상불경보살 교화로
보살도를 성취하여 　부처님 도에 머무네.
상불경 보살 임종 뒤 　많은 부처 만나 뵙고
《법화경》 설한 인연 　헤아릴 수 없는 복 받아서
공덕 점점 갖추어서 　성불 빨리 했느니라.
그때 상불경 보살은 　바로 나의 몸이었고
경멸하던 사부대중 　법에 얽매인 이들
그대들 성불하리라 　상불경 보살 말 듣고
이러한 인연으로써 　헤아릴 수 없고 가이없는
부처님을 친히 뵈니 　이 가운데 오백 보살
사부중 비구 비구니 　청신사와 청신녀 등
지금 내 앞에 와서 　법을 듣는 이들이라.
나는 지난 세상에서 　많은 사람 권하여서
제일 되는 이 가르침 　듣고 받게 하였으며
사람에게 열어 보여 　열반에 잘 머물면서
세세생생 이 경전을 　지니도록 하였으며
억만 겁 오랜 세월 　불가사의 얻게 하려

항상 이 경 듣게 하고 열어 뵈고 가르치며
억만 겁 오랜 세월 불가사의 이르도록
여러 부처 세존께서 《법화경》을 설하시네.
그러므로 수행자는 부처님 멸하신 뒤
이 《법화경》을 듣고 의혹심을 내지 말며
한결같은 마음으로 《법화경》을 설법하면
세세에 부처님 만나 부처 됨도 빠르리라.

21. 여래신력품

이때, 하늘 세계의 작은 티끌과 같은 보살마하살 등이 땅으로부터 솟아나와 부처님 앞에서 한마음으로 손 모으고 존안을 우러러보며 부처님께 여쭈었다.

"세존이시여, 저희들이 부처님 멸도하신 뒤에 세존의 분신들이 계시다가 멸도하신 국토에서 《법화경》을 설하겠습니다. 이는 저희들이 이 진실하고 맑고 깨끗한 큰 법을 얻어 받아 읽고 외우며 풀이하고 베껴 써서 《법화경》을 공양하고자 하기 때문입니다.

이때, 세존께서 문수사리 등 본래 사바세계에 머물렀던 헤아릴 수 없는 백천만억 보살마하살과 여러 비구·비구니와 우바새·우바이와 하늘·용·야차·건달바·아수라·가루라·긴나라·마후라가·사람인 듯 아닌 듯한 무리

들의 여러 대중 앞에서 큰 신통력을 나투시며,

길고 넓은 혀를 내시니 위로는 범천에 이르며

온갖 털구멍에서는 헤아릴 수 없고 셀 수 없

는 밝은 빛이 시방세계를 비추시니, 많은 보

리수 아래 사자좌 위에 계시는 여러 부처님도

위와 같이 길고 넓은 혀를 내시며 더할 나위

없는 밝은 빛을 놓으셨다.

석가모니 부처님과 보배나무 아래의 부처님

들께서 백천 년 동안 신통력을 나투신 뒤에야

다시 혀를 거두시고, 큰 기침하시며 함께 손

가락을 튕기시니 이 두 가지 소리가 시방 여

러 부처님 세계에 이르러서 땅이 여섯 번 떨

리어 움직였다.

그 가운데 있는 중생들 하늘·용·야차·건

달바·아수라·가루라·긴나라·마후라가·

사람인 듯 아닌 듯한 것들이 부처님의 신통력

으로 인하여 모두가 이 사바세계의 끝이 없고

가이없는 백천만억의 여러 보배나무 아래 사자좌 위에 앉으신 여러 부처님을 뵈오며, 또 석가모니불께서 다보여래와 함께 보탑 안의 사자좌에 앉으심을 보며, 또 끝이 없고 가이없는 백천만억의 보살마하살과 모든 사부대중이 석가모니불을 공경하며 에워싸고 있음을 보고, 모두 크게 기뻐하며 일찍이 없던 것을 얻었다. 그때 마침 모든 하늘의 허공에서 큰 소리가 들려왔다.

"끝이 없고 가이없는 백천만억 아승지 세계를 지나면 사바세계가 있으니, 여기에 계신 부처님의 이름은 석가모니 부처님이시라.
지금 모든 보살마하살을 위하여 대승경을 설하시니 이름이 《묘법연화경》이라.
보살을 가르치는 법이며 부처님께서 생각하시는 경이니, 그대들은 마음 깊이 따라 기뻐할 것이며 석가모니 부처님께 예배 공양하라."

그때, 중생들은 허공에서 나는 소리를 들으며 합장하고 사바세계를 향하여, '나무석가모니불, 나무석가모니불'을 불렀고, 갖가지 꽃·향·영락·번개와 온갖 장신구와 진귀한 보배, 묘한 물건들이 사바세계에 뿌려지니, 뿌려지는 물건들이 시방으로부터 오되, 마치 구름 모이듯 하여 변하고 보배 휘장이 되어 여러 부처님 위를 덮으니, 이때 시방세계는 툭 트여 걸림이 없어서 하나의 불국토와 같이 되었다.

이때, 부처님께서 상행 등 보살 대중에게 말씀하셨다.

"모든 부처님의 신통력은 이와 같이 끝이 없고 가이없어 불가사의하니, 내가 이 신통력으로 끝이 없고 가이없는 백천만억 아승지겁 동안을 다른 사람에게 위촉하기 위하여 이 경의 공덕을 설할지라도 다 설하지는 못하느니라.

요약해 말하건대, 여래의 모든 법과 여래의

온갖 자재한 신통력과 여래의 모든 중요한 비밀스러운 법장과 여래의 온갖 깊은 일을 이 경에서 펴 보이고 설했느니라.

그러므로 그대들은 여래가 멸도한 뒤에 한마음으로 받아 읽고 풀이하며 베껴 써서 설한 그대로 수행하여라.

이 국토에서 받아 지니고 읽고 풀이하며 베껴 써서 설한 대로 수행하거나, 이 경전이 있는 곳이거든 동산이거나 숲속이거나 혹은 나무 아래거나 승방·신자의 집·전당·산골짜기·넓은 들일지라도 그 자리에 탑을 일으켜 공양하여라. 왜냐하면 이곳은 모두 도량이니, 여러 부처님께서 이곳에서 위없이 높고 바른 깨달음을 얻으셨고, 이곳에서 진리의 바퀴를 굴리셨으며, 이곳에서 모든 부처님께서 열반에 드셨기 때문이니라."

이때, 세존께서 이 뜻을 펴시려고 게송으로

말씀하셨다.

여러 부처 중생 구제　　큰 신통력 방편으로

중생을 기쁘게 하려　　무량 신통 나타내니

혀는 길어 범천까지　　몸에 놓은 밝은 큰 빛

부처님 도 구하는 이　　그를 위해 나타내며

그때 나는 기침 소리　　손가락 튕기는 소리

시방의 모든 세계　　여섯 번 진동하네.

부처님 멸하신 뒤　　《법화경》을 지니므로

여러 부처 기뻐하여　　무량 신통 나타내며

이 경 부촉 위하므로　　경 가진 이 찬탄하되

무량한 겁 다하여도　　능히 찬탄 다 못하리.

이런 사람 공덕은　　가이없이 무궁하여

시방세계 허공 같아　　끝간 데를 모르리라.

이 경을 가진 이는　　나의 몸을 보게 되며

다보불과 여러 분신　　또한 친히 뵙게 되며

내가 오늘 교화하는　　많은 보살 보게 되네.

이 경을 가진 이는　　모두가 내 분신들

멸도하신 다보불과   모두를 기쁘게 하며

시방에 계신 부처님   과거·미래 부처님께

친근하고 공양하며   기뻐하게 만드네.

부처님의 도량에서   얻으신 비밀한 법보

이 경을 갖는 이는   머지 않아 성불하리.

이 경을 가진 이는   여러 법의 묘한 뜻과

명자들과 언사들을   무궁하게 설하기를

허공 중에 바람 같이   걸림 하나 없느니라.

부처님 멸하신 뒤   부처님 설하신 경전

인과 연의 차례 알아   뜻을 따라 설법하되

해와 달의 밝은 큰 빛   온갖 어둠 걷어내듯

이런 사람 행하는 일   중생 번뇌 멸해주며

무량보살 가르쳐서   일승에 머물게 하네.

까닭에 지혜로운 이   공덕과 이익 보고

내가 멸도한 뒤에   이 경 받아 지녀라.

이런 이는 불도에   의심 없이 들리라.

22. 촉루품

그때, 석가모니 부처님께서 법상에서 일어나 큰 신통력을 나투시어 오른손으로 헤아릴 수 없는 보살마하살의 이마를 어루만지시며 이렇게 말씀하셨다.

"내가 헤아릴 수 없는 백천만억 아승지겁 동안 길을 닦아 얻기 어려운 위없이 높고 바른 깨달음을 얻어 이제 그대들에게 부촉하니, 그대들은 한마음으로 이 법을 유포하되 널리 펴서 이로움을 더하도록 하여라."

이와 같이 세 번을 보살마하살의 이마를 어루만지시며 이렇게 말씀하셨다.

"내가 헤아릴 수 없는 백천만억 아승지겁 동안 얻기 어려운 위없이 높고 바른 깨달음의 길을 닦아 이제 그대들에게 부탁하노라. 그대들은 받아 지녀 읽고 외우며 널리 이 법을 펴서 모든 중생으로 하여금 잘 듣고 알도록 하라.

여래는 큰 자비의 마음을 지니고 있어 아끼는 마음이 없고, 두려운 바가 없어서 중생들에게 부처님의 지혜와 여래의 지혜와 자연의 지혜를 주나니, 여래는 온갖 중생의 큰 시주이시니라. 그대들도 여래의 법을 따라 배우되 아끼거나 인색한 마음을 보이지 말아라.

미래세에 선남자 선여인이 있어 여래의 지혜를 믿는 이에게는 이 《법화경》을 설하여 듣고 알게 할지니, 그 사람으로 하여금 부처님의 지혜를 얻게 하기 위함이니라.

만약 믿지 아니하는 중생이 있으면 여래의 다른 깊은 가르침 가운데에서 보이고 가르쳐서 이롭게 하고 기쁘게 하여라.

그대들이 이와 같이 행하면 곧 여러 부처님의 은혜에 보답하는 것이 되느니라."

이때, 보살마하살들이 부처님께서 이렇게 말씀하심을 듣고, 모두 큰 기쁨에 넘쳐 더욱 더 공경하며 머리를 숙여 합장하고 부처님을 향하여 함께 소리를 내며 말하였다.

"세존의 분부대로 다 갖추어 받들어 행하려 하오니 세존이시여, 원컨대 염려하지 마옵소서."

여러 보살마하살이 이 같이 세 번 반복하여 함께 말하였다.

"세존의 분부대로 다 갖추고 받들어 행하려 하오니 세존께서는 염려하지 마옵소서."

이때, 석가모니 부처님께서 시방에서 오신 여러 분신 부처님으로 하여금 각기 본토로 돌아가게 하시려고 이렇게 말씀하셨다.

"여러 부처님들은 각각 편안히 돌아가시고, 다보불탑도 돌아가시어 예전과 같이 하옵소서."

이렇게 말씀하실 때, 시방의 헤아릴 수 없는

여러 분신 부처님, 보배나무 아래 사자좌에 앉으신 분신불과 다보불과 아울러 상행 등 헤아릴 수 없는 아승지 보살 대중과, 사리불 등 성문·사부대중과 모든 세간의 하늘·사람·아수라 등이 부처님의 설하신 바를 듣고 모두 크게 기뻐하였다.

23. 약왕보살본사품

이때, 수왕화보살이 부처님께 여쭈었다.

"세존이시여, 약왕보살은 어찌하여 사바세계에 있습니까. 세존이시여, 이 약왕보살은 얼마만큼의 백천만억 나유타의 어려운 고행을 하였습니까.

거룩하신 세존이시여, 바라옵건대 간략히 해설하여 주소서. 모든 하늘·용·야차와 건달바·아수라와 가루라·긴나라·마후라가·사람인 듯 아닌 듯한 것들과 다른 국토에서 온 보살들과 여기 있는 성문들이 들으면 다 기뻐할 것입니다."

이때, 부처님께서 수왕화보살에게 말씀하셨다.

"지난 옛적 헤아릴 수 없는 항하의 모래 수와 같은 겁에 부처님이 계셨으니 이름은 일월정명덕여래·응공·정변지·명행족·선서·세

간해·무상사·조어장부·천인사·불세존이
시리.

그 부처님에게 팔십억 큰 보살마하살과 칠십
이 항하의 모래 수와 같은 성문 대중이 있었
노라.

부처님 목숨은 사만이천 겁이요, 보살들의 목
숨도 이와 같으며 그 국토에는 여인·지옥·
아귀·축생·아수라 등 여러 가지 고난이 없
었느니라.

땅은 손바닥같이 평평하고 유리로 되었으며
보배나무로 장엄하고 보배 휘장을 덮었으며,
보배꽃 번기를 드리우고 보배병과 향로가 나
라 안에 가득하고 칠보로 대를 만들어 한 나
무 아래 한 보대라, 보배나무와의 간격이 화
살 한 개 거리이니라.

이 모든 보배나무 아래는 보살과 성문들이 앉
았으며, 모든 보배의 좌대 위에서는 각각 백

억의 모든 하늘이 있어 하늘 기악이 울리고 노래 불러 부처님을 찬탄하며 공양하니라.

이때, 그 부처님께서 일체중생희견보살과 여러 보살과 성문들을 위하여 《법화경》을 설하시니, 이 일체중생희견보살이 즐겨 고행을 닦고 일월정명덕불의 법 가운데서 정진하며 닦아 한마음으로 부처님 되기를 원하여 만이천 년을 지나 온갖 중생의 모습을 뜻대로 나타낼 수 있는 색신삼매를 얻었느니라.

이 삼매를 얻고 크게 기뻐 생각하였느니라.

'내가 온갖 중생의 모습을 뜻대로 나타낼 수 있는 색신삼매를 얻게 됨은 이 《법화경》을 들은 힘이라. 내가 이제 일월정명덕불과 《법화경》에 공양하리라.'

즉시 이 삼매에 드니 허공에서 만다라꽃·마하만다라꽃, 고운 가루로 된 검은 전단향을 비 뿌리듯 하여 허공 가운데에 가득 차서 구

름같이 내려오며, 해차안 전단향을 비 내리듯
하니 이 향은 저울로 여섯 눈금의 값이 되는
데 그 값은 사바세계와 맞먹느니라.
이 공양을 올리고 삼매로부터 일어나 스스로
생각하기를 '내가 비록 신통력으로 부처님께
공양하였으나 몸으로써 공양하는 것만 같지
못하다.' 하고 곧 전단·훈육·도루바·필력
가·침수·교향 등을 먹고 첨복 등 모든 꽃의
향유를 먹고, 또 첨복의 여러 가지 꽃으로 짠
향유 마시기를 일천이백 년을 채우고 향유를
몸에 바르며, 일월정명덕불 앞에서 하늘의 보
배옷으로 몸을 감고 모든 향유를 몸에 붓고
신통력의 발원으로 몸을 태우니, 그 밝은 빛
이 팔십억 항하의 모래 수와 같은 세계를 두
루 비추었느니라.
그 가운데 여러 부처님이 동시에 찬탄하며 말
씀하셨으니,

'장하고 장하다, 선남자여. 이것이 참 정진이며 이것이 참다운 방법으로 여래께 드리는 공양이라.

만일 꽃·향·영락·소향·말향·도향과 하늘의 비단·번개와 해차안의 전단향 등 이와 같은 모든 물품으로 공양한다 해도 미치지 못하며 가령 국토와 처자를 보시한다 해도 또한 미치지 못하느니라.

선남자여, 이것이 제일가는 보시라. 모든 보시 가운데에 가장 으뜸이니 이는 법으로써 여래에게 공양하는 인연이기 때문이니라.'

이렇게 말씀하시니 대중은 잠자코 있었다.

그의 몸은 일천이백 년 동안 불타고 난 뒤에 없어졌느니라.

일체중생희견보살은 이와 같이 법공양을 마치고 목숨이 다한 뒤, 다시 일월정명덕불 국토의 정덕왕 집에 가부좌를 하고 부모의 인연

을 받지 않은 채 홀연히 태어났으니, 그가 아
버지에게 게송으로 말하였느니라.

　　대왕이신 아버지여　　나는 오래 경행하여
　　현일체색신삼매 얻고　그 지혜에 들었습니다.
　　부지런히 정진하며　　아끼던 몸 던져서
　　세존께 공양 올려　　위없는 도 이뤘나이다.

이 게송을 설하고는 부왕에게 말하였느니라.
'일월정명덕불께서는 지금도 계시니, 제가
먼저 이 부처님께 공양 올려 모든 중생의 말
을 이해하는 다라니를 얻었으며, 다시 이 《법
화경》의 팔백천만억 나유타 견가라·빈바
라·아축바 등의 게송을 들으려 하오니, 대왕
이시여, 제가 이제 돌아가서 이 부처님께 공
양하려 하나이다.'
이렇게 말한 뒤에 칠보대에 앉아 허공으로 오
르니 높이가 칠 다라수라. 부처님 계신 곳에
이르러 발에 예배하고 열 손가락을 모아 게송

으로 부처님을 찬탄하였느니라.

　　세존 옥안 거룩하사　　시방에 큰 빛 비추시니
　　제가 옛날 공양하고　　지금 다시 친히 뵙네.

이때, 일체중생희견보살은 이 게송을 마치고 부처님께 여쭈었느니라.

"세존이시여, 세존께서는 아직도 세상에 계시나이까."

이때, 일월정명덕 부처님께서 일체중생희견보살에게 말씀하시되,

"선남자여, 내가 열반할 때가 왔으니 그대는 자리를 편하게 펴라. 내가 오늘밤에 열반에 들리라."

또 일체중생희견보살에게 분부하시되,

"선남자여, 내가 부처님 법으로 그대에게 부촉하며 모든 보살 큰 제자들과 아울러 위없이 높고 바른 깨달음과 삼천대천 칠보세계의 모든 보배나무 아래의 거룩한 도량과 시중드는

모든 하늘을 그대에게 부촉하며, 내가 멸도한 뒤에 있을 사리도 그대에게 부촉하니, 이것을 널리 나누어 공양을 베풀도록 하고 몇 천 개의 탑을 세워라." 하셨느니라.

일월정명덕 부처님께서는 이와 같이 일체중생희견보살에게 분부하시고 그날 밤에 열반에 드셨느니라.

이때, 일체중생희견보살이 부처님께서 멸도하심을 보고 슬퍼하고 괴로워하며 부처님을 연모하여 곧 해차안의 전단향나무로 섶을 쌓아 그 위에 부처님 몸을 모시어 공양하고 다비하였으며, 불이 다 꺼진 뒤에 사리를 거두어 팔만사천 보배병을 만들어 팔만사천 탑을 세우니, 높이는 삼계보다 높고 표찰로 장식하며 번개를 드리우고 여러 가지 보배 방울을 달았느니라.

이때, 일체중생희견보살이 생각하기를 '내가

이 같이 공양을 했으나 마음에 흡족하지 않으니 내 이제 다시 사리에 공양하리라.' 하고, 여러 보살과 큰 제자와 하늘·용·야차 등 여러 대중에게 말하였느니라.

"그대들은 한마음으로 보아라. 내가 일월정명덕불의 사리에 공양하리라."

이 말을 하고 나서 팔만사천 탑 안에서 백 가지 복으로 장엄한 자신의 팔을 칠만이천 년 동안 태워서 공양하며, 성문을 구하는 수없는 대중과 헤아릴 수 없는 아승지 사람들로 하여금 위없이 높고 바른 깨달음의 마음을 일으키어 모두 일체색신삼매에 머무르게 하였노라.

이때, 여러 보살과 하늘·사람·아수라 등이 보살의 팔이 없음을 보고 근심하고 슬퍼하며 말하길,

"이 일체중생희견보살은 우리들의 스승으로

서 우리들을 교화하실 분인데 이제 팔을 태웠으니 몸을 다 갖추지 못했다." 했느니라.

이때, 일체중생희견보살이 대중 가운데서 서원하되,

"내가 두 팔을 공양하였으니 반드시 부처님의 금빛 몸을 얻으리라. 만일 진실하여 헛되지 않을진대 나의 두 팔이 다시 원래대로 되리라." 했느니라.

이 서원을 마치자 저절로 예전과 같아졌으니, 이는 보살의 복덕과 지혜가 두터운 인연이니라.

이때를 당하여 삼천대천세계는 여섯 번 떨리어 움직이고 하늘에서는 보배꽃을 비 내리듯 하니 모든 하늘·사람이 일찍이 없었던 것을 얻었노라.

부처님께서 수왕화보살에게 말씀하셨다.

"그대의 생각은 어떠하냐. 일체중생희견보살

은 다른 사람이 아니라 지금의 약왕보살이
다. 그는 이렇게 몸을 보시하기를 이와 같이
헤아릴 수 없는 백천만억 나유타 수만큼 행
하였노라.

수왕화여, 만일 마음을 일으켜 위없이 높고
바른 깨달음을 얻고자 하는 이는 손가락이나
발가락 하나라도 태워서 부처님 탑에 공양하
면, 국성이나 처자, 삼천대천 국토의 산이나
숲·강·연못·모든 진귀한 보물로 공양하는
것보다 더 수승하니라.

만일 어떤 사람이 칠보를 삼천대천세계에 가
득 채워 부처님과 큰 보살과 벽지불과 아라한
에게 공양할지라도 이 사람이 얻는 공덕은 이
《법화경》의 네 구절, 한 게송을 받아 지니는
것만 못하니라.

수왕화여, 비유하면 냇물·강물 모든 물 가
운데 바다가 제일 크듯이 《법화경》도 또한

여러 여래가 설하신 경 가운데에서 가장 깊고 크니라.

또 토산·흑산·소철위산·대철위산·칠보산 등 여러 산 가운데 수미산이 제일이듯, 이 《법화경》도 또한 모든 경 가운데에 가장 으뜸이니라.

또 모든 별 가운데에서 달이 제일 크듯이 《법화경》도 또한 천만억 종류의 경법 가운데서 가장 밝게 비추느니라.

또 해가 모든 어둠을 없애듯이 이 경도 또한 온갖 좋지 못한 번뇌를 없애느니라.

또 모든 소왕 가운데에 전륜성왕이 가장 으뜸이듯이 이 경도 또한 여러 경 가운데에서 가장 귀하느니라.

또 제석천왕이 삼십삼천 가운데의 왕이듯이 이 경도 또한 모든 경 가운데의 왕이니라.

또 대범천왕이 온갖 중생의 아버지이듯이 이

경 또한 모든 어진 이, 배우는 이와 다 배운 이, 보살의 마음을 일으킨 이의 아버지니라.

또 모든 범부들 중에서 수다원·사다함·아나함·아라한·벽지불이 제일이듯이 이 경도 또한 모든 여래가 설하시고, 혹은 보살 성문이 설한 모든 경법 가운데에 가장 으뜸이 되느니라. 이 경을 받아 지니는 이도 또한 온갖 중생 가운데 으뜸이 되느니라.

모든 성문·벽지불 가운데에 보살이 제일이듯이 이 경도 또한 온갖 경법 가운데에 제일이니라.

부처님께서 모든 법의 왕이 되듯이 이 경도 또한 모든 경 가운데의 왕이니라.

수왕화여, 이 경은 모든 중생을 구원하는 경이며, 이 경은 모든 중생의 온갖 고뇌를 여의게 하고, 이 경은 온갖 중생을 크게 이익되게 하니 그 바람을 가득차게 하니라.

맑고 시원한 못이 모든 목마른 이의 갈증을 풀어주듯이, 추운 이가 불을 얻은 듯이, 벗은 이가 옷을 얻은 듯이, 물건 파는 사람이 물건의 주인을 얻은 듯이, 아들이 어머니를 만난 듯이, 나루에서 배를 얻은 듯이, 병든 사람이 의원을 만난 듯이, 어둠에서 등불을 얻은 듯이, 가난한 이가 보배를 얻은 듯이, 백성이 임금을 만난 듯이, 장사치가 바다를 만난 듯이, 횃불이 어둠을 몰아내듯이, 이 《법화경》도 또한 중생들 모두의 괴로움과 모두의 병을 여의게 하며 모든 삶과 죽음의 속박을 풀어주느니라.

어떤 사람이 이 《법화경》을 듣고 스스로 쓰거나 남에게 쓰게 하면 얻는 공덕은 부처님의 지혜로 헤아릴지라도 그 끝을 모르느니라.

만일 이 경전을 쓰고 꽃·향·영락과 소향·말향·도향과 번개와 의복과 갖가지 소등·유

등·향유등·첨복유등·수만나유등·바라라
유등·바리사가유등·나바마리유등으로 공양
하면 얻는 공덕은 또한 헤아릴 수 없느니라.
수왕화여, 만일 어떤 사람이 이 〈약왕보살본
사품〉을 들으면 또한 끝이 없고 가이없는 공
덕을 얻으리라. 만일 여인이 이 〈약왕보살본
사품〉을 듣고 받아 지니면 여인의 몸을 마친
뒤에 다시 여인의 몸을 받지 않으리라.
만일 여래가 멸도한 뒤, 오백 년이 되어 어떤
여인이 이 경전을 듣고 설한 그대로 수행하고
명을 마치면, 곧 극락세계로 가 아미타불께서
대보살들에게 둘러싸인 곳의 연꽃 속 보좌 위
에 태어나게 되리라.
다시는 탐욕의 괴로움을 받지 않으며 성냄과
어리석음의 괴로움을 받지 않으니, 다시는
교만과 질투와 온갖 번뇌의 괴로움을 받지
않고, 보살의 신통력과 세상의 모든 것은 나

지도 않고 멸하지도 않는다는 진리인 무생법

인을 얻으니, 이 법인을 얻고 나면 눈이 밝고

깨끗하고 이 밝고 깨끗한 눈으로 칠백만이천

억 나유타 항하의 모래 수와 같은 여러 부처

님을 뵙게 되느니라."

이때, 여러 부처님께서 칭찬하셨다.

"착하고 착하다, 선남자여. 그대가 석가모니

부처님의 법 가운데에서 이 경을 받아 읽고

외워 생각하고 남을 위해 설하면, 얻는 복덕

이 끝이 없고 가이없어 불로도 태우지 못하고

물에도 빠뜨리지 못하니, 그대의 공덕은 일천

부처님이 함께 설할지라도 능히 다하지 못하

느니라.

그대는 이제 모든 마군을 물리쳤으며, 생사를

벗어나 모든 원수와 적을 다 멸했노라.

선남자여, 백천의 여러 부처님이 신통력으로

그대를 수호하나, 온갖 세간·하늘·사람 가

운데에 그대와 같은 이는 없노라.

오직 여래를 제외하고는 여러 성문·벽지불과 보살의 지혜·선정으로도 그대와 같은 이는 없느니라.

수왕화여, 이 보살은 이와 같은 공덕과 지혜의 힘을 성취하였으니, 찬탄하여 좋다 하면, 현세에 입 안에서 항상 푸른 연꽃의 향기가 나고 몸의 털구멍에서는 항상 우두전단의 향기가 나며 얻는 공덕은 위에 말한 것과 같으리라.

그러므로 수왕화여, 이 〈약왕보살본사품〉을 그대에게 맡기노니 내가 멸도한 뒤, 오백 년에 이르도록 널리 펴고 가르치며 염부제에서 끊어지지 않게 하고, 악마와 그 권속들과 모든 하늘·용·야차·구반다 등이 이 경을 이용하지 못하게 하라.

수왕화여, 그대는 신통력으로 이 경을 수호하

라. 이 경은 염부제 사람들의 병에 좋은 약이 되기 때문이니, 만일 병이 있는 사람이 이 경을 들으면 병이 없어지고 늙지도 않고 죽지도 않으리라.

수왕화여, 그대가 만일 이 경을 받아 지니는 이를 보거든 푸른 연꽃과 말향을 가득 담아 공양하고 그 위에 뿌리고 이와 같이 생각하라.

'이 사람은 오래지 않아 반드시 풀을 깔고 도량에 앉아서 모든 마군을 파하고, 법소리를 불며 큰 법의 북을 쳐서 모든 중생을 나고 늙고 병들어 죽는 괴로움의 바다에서 건져 해탈하게 하리라.'

그러므로 부처님 도를 구하는 이는 이 경을 받아지니는 사람을 보거든 위와 같이 공경하는 마음을 내야 하느니라."

이 〈약왕보살본사품〉을 설할 때에 팔만사천 보살이 온갖 중생의 말을 알 수 있는 다라니를 얻었다.

이때 다보여래는 보탑 안에서 수왕화보살을
이렇게 칭찬하셨다.

"장하고 장하다, 수왕화여. 그대는 불가사의
한 공덕을 성취하여 석가모니 부처님께 이러
한 일을 물어서 헤아릴 수 없이 많은 중생을
이익 되게 하였노라."

24. 묘음보살품

그때, 석가모니 부처님께서는 아름다운 몸매인 육계에서 큰 빛을 놓으시고, 눈썹 사이의 흰 터럭 끝에서 밝은 빛을 놓으시며 동방 백팔만억 나유타 항하의 모래 수와 같은 여러 부처님 세계를 두루 비추셨다.

이 많은 세계를 지나서 한 세계가 있으니, 이름이 정광장엄이요, 그 나라 부처님의 이름은 정화수왕지여래·응공·정변지·명행족·선서·세간해·무상사·조어장부·천인사·불세존이시라.

헤아릴 수 없고 그지없는 보살 대중들이 공경하며 둘러싸고 부처님께서 그들을 위하여 법을 설하시니, 석가모니 부처님의 눈썹 사이의 흰 터럭으로부터 큰 빛이 그 국토를 비추셨다.

이때, 일체정광장엄 국토 가운데에 한 보살

이 있으니 이름이 묘음이라. 오랜 옛날부터 많은 덕을 심어서 헤아릴 수 없는 백천만억 부처님을 공양하고 친근하며 매우 깊은 지혜를 성취하고, 묘당상삼매·법화삼매·정덕삼매·수왕희삼매·무연삼매·지인삼매·해일체중생어언삼매·집일체공덕삼매·청정삼매·신통유희삼매·혜거삼매·장엄왕삼매·정광명삼매·정장삼매·불공삼매·일선삼매를 얻어서, 이와 같은 백천만억 항하의 모래수와 같은 여러 큰 삼매를 얻었다.

석가모니 부처님의 밝은 빛이 그 몸을 비추시니 묘음보살은 곧 정화수왕지 부처님께 여쭈었다.

"세존이시여, 저는 사바세계에 가서 석가모니 부처님께 예배·친견·공양하옵고 문수사리법왕자보살, 약왕보살, 용시보살, 수왕화보살, 상행의보살, 장엄왕보살, 약상보살을 만나 보려 합니다."

이때, 정화수왕지 부처님께서 묘음보살에게 말씀하셨다.

"그대는 저 국토를 업신여기는 가벼운 생각을 내지 말라.

선남자여, 저 사바세계는 높고 낮고 하여 평탄하지 못하고, 흙과 돌과 여러 산이 있어 더러운 것이 가득 찼으며, 부처님 몸은 작고 모든 보살들도 그 형상이 또한 작으니라.

그대의 몸은 사만이천 유순이요, 나의 몸은 육백팔십만 유순이라. 그대의 몸은 가장 단정하며 백천만의 복이 있어 밝은 빛이 특수하고 묘하니, 그대가 가서 저 나라를 가벼이 여기거나, 그 나라의 부처님과 보살들을 업신여기는 생각을 내지 말라."

묘음보살이 그 부처님께 여쭈었다.

"세존이시여, 제가 이제 사바세계에 가는 것

묘
음
보
살
품

69

은 다 여래의 힘이요, 여래의 신통력의 유희이 며 여래의 공덕과 지혜와 장엄 때문입니다. "

묘음보살은 자리에서 일어나지 않고 몸을 움 직이지도 않은 채 삼매에 들어 삼매의 힘으로, 기사굴산의 부처님 법좌에서 멀지 않은 곳에 팔만사천의 보배로 된 연꽃을 신통으로 만드 니 염부단금으로 줄기가 되며 백은으로 꽃잎 이 되고 금강으로 꽃술이 되고, 견숙가보배로 좌대가 되었다.

이때, 문수사리법왕자는 이 연꽃을 보고 부처 님께 여쭈었다.

"세존이시여, 무슨 인연으로 이러한 상서가 나 타납니까? 수천만의 연꽃이 나타나 염부단금 줄기가 되고 백은으로 꽃잎 되며 금강으로 꽃 술이 되고 견숙가보배로 좌대가 되었습니까."

이때, 석가모니 부처님께서 문수사리에게 말 씀하셨다.

"묘음보살마하살이 정화수왕지 부처님 국토에서 팔만사천 보살에게 둘러싸여 이 사바세계에 와서 나에게 공양하며 친견·예배하고 또한 《법화경》을 공양하며 듣고자 함이니라."

문수사리가 부처님께 여쭈었다.

"세존이시여, 이 보살은 무슨 선근을 심었으며 무슨 공덕을 닦았기에 이런 큰 신통력이 있으며, 어떤 삼매를 행합니까? 원하옵건대 저희들에게 이 삼매의 이름을 말씀해주소서. 저희들도 부지런히 수행하고자 하나이다. 이 삼매를 행하여 이 보살 모습의 크고 작음과 몸가짐과 나아가고 머묾을 보려 하나이다. 오직 원하옵건대, 세존이시여, 신통력으로 저 보살을 오게 하사 저희들로 하여금 볼 수 있게 하소서."

이때, 석가모니 부처님께서 문수사리에게 말씀하셨다.

"여기 오래 전에 멸도하신 다보여래께서 그
대들을 위하여 묘음보살의 모습을 나타나게
하시리라."
이때 다보 부처님께서 저 묘음보살에게 말씀
하셨다.
"선남자여, 오너라. 문수사리법왕자가 그대
의 몸을 보고자 하노라."
이때, 묘음보살이 자기 국토를 떠나 팔만사천
보살과 함께 오니, 지나오는 국토들이 여섯
번 떨리어 움직이고 칠보로 된 연꽃이 비 오
듯 내리며 백천 가지 하늘 풍악이 저절로 울
리었다.
이 보살의 눈은 넓고, 크기가 푸른 연꽃잎과
같으니 백천만 개의 달을 모아 놓은 것보다
그 얼굴이 더 단정하며, 몸은 진금색이라, 헤
아릴 수 없는 백천의 공덕으로 아름답게 빛나
고, 위덕이 훌륭하고 큰 빛이 밝게 비치며,

모든 모습을 다 갖추어 하늘의 장사인 나라연처럼 견고한 몸을 하고 있었다.

칠보 좌대에 앉아 허공에 오르니 땅에서 높이가 칠 다라수라. 여러 보살들에게 둘러싸여 이 사바세계의 기사굴산에 와서 칠보 좌대에서 내려와 백천만 냥이나 되는 영락을 가지고 석가모니 부처님이 계신 곳에 이르러 발에 예하고 영락을 받들어 올리며 부처님께 여쭈었다.

"세존이시여, 정화수왕지 부처님께서 세존께 문안하시기를 '병도 없으시고 고뇌도 없으시며 기거가 편안하사 안락하게 지내십니까. 흙·물·불·바람의 사대는 잘 조화되며, 세상 일은 참을 만하고 중생은 제도하기 쉽습니까. 탐욕과 성냄과 어리석음과 질투와 아낌과 오만함은 어떠하며 부모에게 불효하고 사문을 업신여기는 삿된 소견은 없습니까. 마음은 착하며 오욕을 거두어 들입니까.

세존이시여, 중생들이 모든 마군과 원적을 항복시킵니까.

오래 전에 멸도하신 다보여래께서 칠보탑 중에 계시며 오셔서 법을 들으십니까.' 하셨으며, 또 다보여래께 여쭈어 문안하되, '안온하시며 고뇌가 없으시고 인욕으로 오래 머무십니까.' 하셨습니다.

세존이시여, 제가 이제 다보 부처님의 몸을 뵙고자 하오니 원하건대, 세존께서는 저로 하여금 친히 뵙도록 하옵소서."

이때. 석가모니 부처님께서 다보 부처님께 말씀하셨다.

"이 묘음보살이 만나 뵙고자 합니다."

이때 다보 부처님께서 묘음보살에게 말씀하셨다.

"착하고 착하다. 그대가 석가모니 부처님께 공양하며, 《법화경》을 듣고, 문수보살을 보기 위하여 여기에 왔구나."

이때 화덕보살이 부처님께 여쭈었다.

"세존이시여, 이 묘음보살은 무슨 선근을 심었으며 무슨 공덕을 닦았기에 이런 신력이 있습니까?"

부처님께서 화덕보살에게 말씀하셨다.

"과거에 부처님이 계셨으니 이름이 운뇌음왕다타아가도 아라하 삼먁삼불타이셨으며, 나라 이름은 현일체세간이요, 겁의 이름은 희견이라.

묘음보살이 만이천 년을 십만 가지 기악으로 운뇌음왕 부처님께 공양하며 아울러 팔만사천 칠보로 된 발우를 바쳤노라. 이 인연의 과보로 지금 정화수왕지 부처님 국토에 나서 이런 신통력을 가졌노라.

화덕이여, 그대는 어떻게 생각하느냐. 그때, 운뇌음왕 부처님이 계신 곳에서 묘음보살로서 기악으로 공양하고 보배발우를 받들어 올린 이가 지금의 묘음보살마하살이니라.

화덕이여, 이 묘음보살이 헤아릴 수 없는 여러 부처님을 친히 뵙고 오래도록 선행을 심었으며, 항하의 모래 수와 같은 백천만억 나유타 부처님을 만나 뵈었느니라.

화덕이여, 그대는 묘음보살의 몸이 여기에만 있다고 보지만, 이 보살은 갖가지 몸을 곳곳에 나투어서 여러 중생을 위하여 《법화경》을 설하노라.

혹은 범왕의 몸을 나투고, 혹은 제석의 몸을 나투며, 자재천·대자재천·천대장군·비사문천왕의 몸을 나투며, 혹은 전륜성왕의 몸을 나투고, 모든 소왕·장자·거사·제관 혹은 바라문의 몸을 나투며, 혹은 비구·비구니·우바새·우바이의 몸을 나투고, 혹은 장자·거사 부인의 몸을 나투며, 혹은 제관 부인의 몸을 나투고, 혹은 바라문의 부인의 몸을 나투며, 혹은 동남·동녀의 몸을 나투고, 혹은 하늘·용·야차·건달바·아수라·가루라·긴나라·마후라가·사람인 듯 아닌 듯한 것들 등의 몸을 나투어 이 경을 설하노라.

지옥·아귀·축생과 온갖 어려운 곳에 있는 모든 것을 다 구제하며, 왕의 후궁에서는 여인의 몸으로 변화하여 이 경을 설하노라.

화덕이여, 이 묘음보살은 사바세계의 모든 중생을 구호하는 보살이라.

이 묘음보살이 갖가지의 변화된 몸을 나투어 이 사바국토의 모든 중생을 위하여 이 경전을 설하되, 그 신통·변화·지혜는 조금도 더하거나 덜함이 없노라.

이 보살이 지혜로 사바세계를 밝게 비추어 온갖 중생이 각기 알 바를 알게 하며 시방 항하의 모래 수와 같은 세계에서도 또한 이와 같노라.

만일 성문의 몸으로 제도할 이에게는 성문의 몸을 나투어 법을 설하고, 벽지불의 몸으로 제도할 이에게는 벽지불의 몸을 나투어 법을 설하며, 보살의 몸으로 제도할 이에게는 보살의 몸을 나투어 법을 설하고, 부처님 몸으로 제도할 이에게는 부처님의 몸을 나투어 법을 설하노라.

이와 같이 제도할 바를 따라서 모습을 나타내며 멸도로 구제할 이에게는 멸도를 나타내 보이노라.

화덕이여, 묘음보살마하살이 큰 신통과 지혜의 힘을 성취하니, 그 일이 이와 같노라."

이때, 화덕보살이 부처님께 여쭈었다.

"세존이시여, 묘음보살은 선근을 깊이 심었습니다. 세존이시여, 이 보살이 무슨 삼매에 머물러서 이와 같이 여러 곳에서 몸을 바꾸어

중생을 제도합니까?"

부처님께서 화덕보살에게 말씀하셨다.

"선남자여, 그 삼매의 이름은 현일체색신이
라. 묘음보살이 이 삼매에 머물면서 헤아릴
수 없는 중생을 이익 되게 하노라."

이 〈묘음보살품〉을 설할 때에, 묘음보살과 함
께 왔던 팔만사천 보살이 다 현일체색신삼매
를 얻고 사바세계의 헤아릴 수 없는 보살도
이 삼매와 다라니를 얻었다.

이때, 묘음보살마하살이 석가모니 부처님과
다보 부처님 탑에 공양을 마치고 본래의 땅으
로 돌아가니, 지나가는 모든 나라가 여섯 번
떨리어 움직이며 보배 연꽃을 비 뿌리듯 하고
백천만억의 갖가지 기악이 울렸다.

본국에 돌아가서 팔만사천 보살과 함께 정화
수왕지 부처님이 계신 곳에 이르러 여쭈었다.

"세존이시여, 제가 사바세계에 가서 중생을

이익 되게 하여 석가모니 부처님을 친히 뵙
고 또 다보불탑을 친히 뵈어 예배·공양하였
습니다.

또 문수사리법왕자보살도 만나 보고 약왕보살
과 득근정진력보살과 용시보살 등을 보았으며,
또 팔만사천 보살들로 하여금 현일체색신삼
매를 얻게 하였습니다."

이〈묘음보살내왕품〉을 설할 때 사만이천 천
자들은 무생법인을 얻고 화덕보살은 법화삼
매를 얻었다.

25. 관세음보살보문품

이때, 무진의보살이 자리에서 일어나 오른 어깨를 드러내고 합장하며 부처님을 향하여 이렇게 여쭈었다.

"세존이시여, 관세음보살은 어떤 인연으로 이름을 관세음보살이라고 하나이까?"

부처님께서 무진의보살에게 말씀하셨다.

"선남자여, 만일 헤아릴 수 없는 백천만억 중생이 온갖 고뇌를 받는다 해도 이 관세음보살의 이름을 듣고 한마음으로 이름을 부르면 관세음보살이 즉시 그 소리를 관하여 듣고 모두 해탈을 얻게 하느니라.

만일 관세음보살의 이름을 지니는 이는 큰 불속에 들어가도 불이 태우지 못하니, 이는 보살의 위신의 힘 때문이니라.

만일 큰 물에 떠내려갈지라도 그 이름을 부르

면 곧 얕은 곳에 닿게 되리라. 또 백천만억 중생이 있어서 금·은·유리·자거·마노·산호·호박·진주 등의 보배를 구하기 위하여 큰 바다에 들어갔을 때, 만일 그 배에 폭풍이 불어 닥쳐 악귀인 나찰들의 나라에 떠내려가 닿게 되더라도, 그 가운데 한 사람이라도 관세음보살의 이름을 부르면 모든 사람들이 나찰의 난을 벗어나게 되니 이러한 인연으로 이름을 관세음이라 하느니라.

만일 어떤 사람이 피해를 당하게 되었을 때 관세음보살 이름을 부르면 그들이 가진 칼과 몽둥이가 조각조각 부서져서 벗어날 수 있게 되며, 삼천대천 국토에 가득한 야차와 나찰이 와서 사람을 괴롭히려 해도 관세음보살의 이름 부르는 소리를 들으면 모든 악귀가 악한 눈으로 보지도 못하거늘, 하물며 어찌 해치려 하겠느냐.

가령 어떤 사람이 죄가 있거나 없거나 고랑을 채우고 칼을 씌우고 쇠줄이 그 몸을 얽어매었을지라도 관세음보살의 이름을 부르면 다 끊어지고 부서져서 벗어나게 되리라.

만일 삼천대천 국토 가운데에 흉악한 도적떼가 있는 곳을 한 상인이 많은 상인들을 인솔하여 값진 보배를 가지고 험한 길을 지나갈 때, 그 가운데에 한 사람이 말하기를,

'선남자들이여, 두려워하지 말라. 그대들은 한마음으로 관세음보살의 이름을 부르라. 그리하면 이 도적들을 무사히 벗어나게 되리라.' 하니, 상인들이 듣고 함께 소리를 내어 '나무관세음보살' 하면 그 이름을 부른 인연으로 곧 액난을 벗어나게 되느니라.

무진의여, 이 관세음보살마하살의 위신의 힘이 높고 높아 이와 같느니라.

만일 어떤 중생이 음욕이 많아 번민할지라도

항상 관세음보살을 생각하고 공경하면 음욕을 여의게 되며, 만일 성내는 마음이 많더라도 항상 관세음보살을 생각하고 공경하면 성내는 마음을 여의게 되며, 만일 어리석음이 많더라도 항상 관세음보살을 생각하고 공경하면 어리석음을 여의게 되느니라.

무진의여, 관세음보살은 이와 같은 큰 위신력이 있어서 이익 되게 함이 많으니 중생들은 항상 마음으로 관세음보살을 생각하라.

만일 한 여인이 있어 아들을 얻기 위하여 관세음보살님께 예배하고 공양하면, 곧 복덕과 지혜를 갖춘 아들을 낳으며, 만일 딸을 얻고자 하면 곧 단정하고 잘 생긴 딸을 낳으니 이는 전생에 덕을 심었으므로 많은 사람이 사랑하고 공경함이니라.

무진의여, 관세음보살은 이와 같은 힘이 있노라. 만일 중생이 관세음보살을 공경하고 예배하면 복이 헛되지 아니하니 중생은 모두 관세음보살의 이름을 받아 지닐지니라.

무진의여, 만일 어떤 사람이 육십이억 항하의 모래 수와 같은 보살의 이름을 받아 지니고 다시 목숨이 다하도록 음식과 의복과 침구와 의약을 공양한다면 그대는 어떻게 생각하느냐. 이 선남자 선여인의 공덕이 많지 않겠느냐."

무진의보살이 말하였다.

"매우 많겠습니다, 세존이시여."

부처님께서 말씀하셨다.

"만일 어떤 사람이 관세음보살의 이름을 받아 지니고 한때라도 예배·공양하면, 이 두 사람의 복이 같으리니 백천만억 겁에도 다 헤아리지 못하느니라.

무진의여, 관세음보살의 이름을 받아 지니면 이와 같이 끝이 없고 가이없는 복덕과 이익을 얻으리라."

무진의보살이 부처님께 여쭈었다.

"세존이시여, 관세음보살은 어떻게 이 사바
세계에 노니시며 어떻게 중생을 위하여 설법
하며, 방편의 힘으로 하시는 그 일은 어떠하
나이까?"

부처님께서 무진의보살에게 말씀하셨다.

"선남자여, 만일 어떤 국토의 중생을 부처님
몸으로 제도할 이에게는 관세음보살이 부처
님의 몸을 나투어 법을 설하며, 벽지불의 몸
으로 제도할 이에게는 벽지불의 몸을 나투어
법을 설하며, 성문의 몸으로 제도할 이에게는
성문의 몸을 나투어 법을 설하며, 범왕의 몸
으로 제도할 이에게는 범왕의 몸을 나투어 법
을 설하며, 제석의 몸으로 제도할 이에게는
제석의 몸을 나투어 법을 설하며, 자재천의
몸으로 제도할 이에게는 자재천의 몸을 나투
어 법을 설하며, 대자재천의 몸으로 제도할

이에게는 대자재천의 몸을 나투어 법을 설하

며, 천대장군의 몸으로 제도할 이에게는 천대

장군의 몸을 나투어 법을 설하며, 비사문의

몸으로 제도할 이에게는 비사문의 몸을 나투

어 법을 설하며, 소왕의 몸으로 제도할 이에

게는 소왕의 몸을 나투어 법을 설하며, 장자

의 몸으로 제도할 이에게는 장자의 몸을 나투

어 법을 설하며, 거사의 몸으로 제도할 이에

게는 곧 거사의 몸을 나투어 법을 설하며, 제

관의 몸으로 제도할 이에게는 곧 제관의 몸을

나투어 법을 설하며, 바라문의 몸으로 제도할

이에게는 곧 바라문의 몸을 나투어 법을 설하

며, 비구·비구니·우바새·우바이의 몸으로

제도할 이에게는 비구·비구니·우바새·우

바이의 몸을 나투어 법을 설하며, 장자·거

사·제관·바라문의 부인의 몸으로 제도할

이에게는 곧 부인의 몸을 나투어 법을 설하

며, 사내아이·계집아이의 몸으로 제도할 이에게는 사내아이·계집아이의 몸을 나투어 법을 설하며, 하늘·용·야차·건달바·아수라·가루라·긴나라·마후라가·사람인 듯 아닌 듯한 것들의 몸으로 제도할 이에게는 모두 그 몸을 나투어서 법을 설하며, 집금강신의 몸으로 제도할 이에게는 집금강신의 몸을 나투어 법을 설하느니라.

무진의여, 이 관세음보살은 이와 같은 공덕을 성취하고 갖가지 형상으로 모든 국토에 노닐면서 중생을 제도하여 해탈케 하니, 그대들은 한마음으로 관세음보살에게 공양하라.

이 관세음보살마하살은 두렵고 위급한 환난 가운데에도 두려움을 없애주나니 이 사바세계에서 그를 일러 두려움이 없는 것을 베푸는 이라고 하느니라."

무진의 보살이 부처님께 여쭈었다.

"세존이시여, 제가 이제 관세음보살께 공양하겠습니다."하고 그 가치가 백천냥금이나 되는 많은 보배영락의 목걸이를 풀어 드리며 여쭈었다.

"어지신 분이시여, 법에 대한 보시로써 드리는 이 진귀한 보배 영락을 받으소서."

이때, 관세음보살이 즐겨 받지 않거늘 무진의가 다시 관세음보살에게 말하였다.

"어지신 분이시여, 저희들을 어여삐 여기시어 이 영락을 받으소서."

이때 부처님께서 관세음보살에게 말씀하셨다.

"이 무진의보살과 사부대중과 하늘·용·야차·건달바·아수라·가루라·긴나라·마후라가·사람인 듯 아닌 듯한 것들을 어여삐 여겨 이 영락을 받으라."

즉시 관세음보살이 많은 사부대중과 하늘·용·사람인 듯 아닌 듯한 것들을 어여삐 여겨

그 영락을 받아서 둘로 나누어, 하나는 석가
모니 부처님께 받들어 올리고 하나는 다보 부
처님 탑에 받들어 올리었다.
"무진의여, 관세음보살은 이와 같은 자재한
신통력으로 사바세계를 보살피느니라."
이때, 무진의보살이 게송으로 여쭈었다.

　　미묘상 갖추신 세존께　다시 저 일을 물자오니

　　불자 무슨 인연으로　관세음이라 부릅니까.

　　미묘상 갖춘 세존께서　무진의에게 대답하사

　　곳곳마다 나타나는　관음의 행을 들으라.

　　큰 서원 바다 같아　헤아릴 수 없는 겁에

　　천억 부처님 모시고　청정한 원 세웠나니

　　그대 위해 설하노라　만일 이름 듣거나

　　마음으로 생각하면　모든 고통 멸하리라.

　　해치려고 밀어 넣어　불구덩에 떨어져도

　　관음 부른 공덕으로　불구덩이 연못 되고

　　바다에 표류되어　용 고기 악귀 만나도

관음 부른 공덕으로	파도가 못 삼키네.
수미산 봉우리에서	밀려서 떨어진 대도
관음 부른 공덕으로	허공에 머묾 같도다.
악인에게 쫓기어서	금강산에 떨어져도
관음 부른 공덕으로	털 끝 하나 안 다치며
원한의 도적 만나	칼 들고 해치려 해도
관음 부른 공덕으로	도적 마음 자비로 돌려
나라 법에 잘못 걸려	형벌 받아 죽게 되어도
관음 부른 공덕으로	창과 칼이 끊어지며
감옥 속에 갇혀 있어	손발 형틀에 묶여도
관음 부른 공덕으로	풀려날 것이며
저주와 독약으로	해치려고 할 때에도
관음 부른 공덕으로	본인에게 화가 돌아가며
악한 나찰 독룡들과	귀신을 만날지라도
관음 부른 공덕으로	감히 해치지 못하며,
사나운 짐승 와서	이빨 발톱 무서워도
관음 부른 공덕으로	사방으로 달아나며,

여러 가지 독사들이 　　　독기가 불꽃 같아도

관음 부른 공덕으로 　　　제 스스로 물러가며

구름 천둥 번개 치고 　　　비와 우박 쏟아져도

관음 부른 공덕으로 　　　흩어져서 없어지며

중생이 곤액 만나 　　　　무량 고통 받더라도

관음 미묘 지혜 힘이 　　　세상 고통 구하느니라.

신통력을 다 갖추고 　　　지혜 방편 널리 닦아

시방의 여러 국토에 　　　자유로이 몸 나투어

여러 가지 악한 길에 　　　지옥 아귀 축생들의

생로병사 모든 고통 　　　점차로 멸해주며

진관과 청정한 관 　　　　넓고 큰 지혜 관이며

비관과 자관이니 　　　　항상 우러러 보고

때 없어 맑고 큰 빛 　　　지혜 태양 어둠 없애

재앙 풍화 이기고 　　　　널리 세상 비추니라.

대비는 체, 계행은 우뢰 　자비심은 미묘구름이라.

감로의 법비 내려 　　　　번뇌 불길 멸해주며

소송으로 관청에서 　　　두려움 있을지라도

관음 부른 공덕으로　모든 원수 흩어지네.

세상 관한 묘한 소리　마음 울린 범음 소리

세간에서 수승하니　관음 항상 생각하며

의심일랑 하지 말라.　관세음 청정한 성인

고통 번뇌 생사 액난　성인 믿고 벗어나니

공덕 두루 갖추어서　자비로써 중생 보는

관음 공덕 끝없으니　그러므로 공경하라.

이때, 지지보살이 자리에서 일어나 부처님께

여쭈었다.

"세존이시여, 만일 중생이 〈관세음보살품〉의

자재하신 행과 넓은 문으로 나투시는 신통력

을 듣는다면, 그 사람의 공덕은 적지 않겠습

니다."

부처님께서 이 〈보문품〉을 설하실 때 듣고 있

던 대중 가운데 팔만사천 중생이 모두 비할

수 없이 위없는 높고 바른 깨달음을 얻고자

하는 마음을 일으켰다.

26. 다라니품

그때, 약왕보살이 자리에서 일어나 오른쪽 어깨를 벗어 드러내며 합장하고 부처님을 향하여 여쭈었다.

"세존이시여, 만일 선남자 선여인이 《법화경》을 받아 읽고 외우고 이해하며 경을 베껴 쓰면 얼마만한 복을 받겠습니까?"

부처님께서 약왕에게 말씀하셨다.

"만일 선남자 선여인이 팔백만억 나유타 항하의 모래 수와 같이 많은 부처님께 공양한다면 그대는 어떻게 생각하는가. 그가 얻는 복이 많겠는가, 적겠는가."

"매우 많겠습니다, 세존이시여."

부처님께서 말씀하셨다.

"만약 선남자 선여인이 이 경의 네 구절로 된 게송 하나라도 받아 지니고 읽고 외우고 뜻을

알며 설한 대로 닦는다면, 그 공덕은 더욱 많
으리라."

이때, 약왕보살이 부처님께 말씀드렸다.

"세존이시여, 저는 지금 설법하는 이에게 다
라니주를 주어 수호하겠습니다."

하고 곧 주문을 말하였다.

안니 만니 마네 마마네 지례 자리제 샤먀 샤
리다위 선제 목제 목다리 사리 아위사리 상리
사리 사예 아사예 아기니 선제 샤리 다라니
아로가바사파자비사니 네비데 아변다라네리
데 아단다바례수디 구구례 모구례 아라례 바
라례 수가차 아삼마삼리 붓다비기리질데 달
마바리차데 싱가열구사네 바사바사수지 만다
라 만다라사야다 우루다 우루다교사럄 악사
라 악사야사야 아바로 아마야니다야.

"세존이시여, 이 다라니 신주는 육십이억 항하의 모래 수와 같은 여러 부처님께서 설하셨던 주문이니, 만일 이 가르침을 전하는 법사를 침해하거나 비방하는 자가 있다면 이는 곧 많은 부처님을 침해하고 비방함이 될 것입니다."

이때, 석가모니불께서 약왕보살을 칭찬하며 말씀하셨다.

"착하고 착하다, 약왕이여, 그대가 이 《법화경》의 가르침을 전하는 법사를 공경하고 옹호하는 마음으로 이 다라니를 설하였으니 많은 중생들이 이익을 얻으리라."

이때, 용시보살이 부처님께 말하였다.

"세존이시여 저도 《법화경》을 읽고 외우며 받아 지니는 이를 보호하기 위하여 다라니를 설하겠습니다. 만일 법사가 이 다라니를 얻으면 야차거나 나찰, 부단나, 길자, 구반다, 아귀 등이 법사의 약점을 찾아내려 하더라도 약점을 찾지 못할 것입니다."

곧 부처님 앞에서 주문을 설하였다.

자례 마하자례 욱기 목기 아례 아라바제 네레 제 네례다바제 니지니 위지니 지지니 널례지니 널례지바지.

"세존이시여, 이 다라니 신주는 항하의 모래 수와 같은 여러 부처님께서 설하셨으며 또한 기뻐하셨으니, 만일 이 《법화경》의 가르침을 전하는 법사를 침해하고 비방하는 것은 곧 여러 부처님을 침해하고 비방함이 될 것입니다."

이때, 세상을 수호하는 비사문천왕도 부처님께 말하였다.

"세존이시여, 저도 중생을 어여삐 여겨 이 《법화경》의 가르침을 전하는 법사를 옹호하기 위하여 다라니를 설하겠습니다."

하고 곧 주문을 설하였다.

아리 나리 노나리 아나로 나리 구나리

"세존이시여, 이 신주로써 《법화경》의 가르침을 전하는 법사를 옹호하고 저도 이 경을 받아 지니는 이를 옹호하여 백 유순 안에 모든 재앙이 없게 하겠습니다."
이때, 지국천왕도 이 회중에 있어 천만억 나유타 건달바들의 공경과 보호를 받으면서 부처님이 계신 곳에 나아가 합장하고 부처님께 말하였다.
"세존이시여, 저도 다라니 신주로 《법화경》 지니는 자를 옹호하겠습니다."
곧 주문을 설하였다.

아가네 가네 구리 건다리 전다리 마등기상구

리 부루사니 알디

"세존이시여, 이 다라니 신주는 사십이억 여러 부처님께서 설하셨으니 만일 이 《법화경》의 가르침을 전하는 법사를 침해하고 비방하는 것은 곧 부처님을 침해함이 될 것입니다."

이때, 나찰녀들이 있었으니 첫째 이름은 남바요, 둘째는 비남바요, 셋째는 곡치요, 넷째는 화치요, 다섯째는 흑치요, 여섯째는 다발이요, 일곱째는 무염족이요, 여덟째는 지영락이요, 아홉째는 고제요, 열째는 탈일체중생정기라. 이 열 명의 나찰녀는 아이들을 잡아먹는 귀자모와 그 아들의 권속과 함께 부처님이 계신 곳에서 소리를 함께 하여 부처님께 말하였다.

"세존이시여, 저희들도 《법화경》을 읽고 외우고 받아 지니는 이를 옹호하여 그 재앙을 제거해주며 만일 법사의 약점을 찾아내려 하여도 그로 하여금 찾아내지 못하게 하겠습니다."

곧 부처님 앞에서 주문을 설하였다.

이제리 이제미 이제리 아제리 이제리 니리 니리 니리 니리 니리 루혜 루혜 루혜 루혜 다혜 다혜 다혜 도혜 로혜

"차라리 내 머리 위에는 오르게 할지언정 법사를 괴롭히지 못하게 하며, 야차거나 나찰·아귀·부단나·길자·비타라·건타·오마륵가·아발마라·야차길자·인길자거나, 열병이 하루, 이틀, 사흘, 나흘 또는 이레에 이르는 것이나, 고질이 된 열병이거나 남자의 모습, 여자의 모습, 사내아이의 모습, 계집아이의 모습들이 꿈속에서라도 괴롭히지 못하게 하겠습니다."

곧 부처님 앞에서 게송으로 말하였다.

나의 주문 따르지 않고 설법자를 괴롭히면

큰 나무의 가지처럼 머리를 일곱 쪽 내어

부모 죽인 원수 같이 기름 짜듯 주리 틀며

되와 저울 속인 죄와 승가 깨뜨린 죄와 같이

법사를 해치는 이   이런 재앙 얻으리라.

모든 나찰녀가 이 게송을 설하고, 부처님께

말하였다.

"세존이시여, 저희들도 이 경을 받아 지녀 읽

고 외우며, 수행하는 이를 옹호하여 여러 가지

재앙을 물리치며, 독악들을 없애겠습니다."

부처님께서 여러 나찰녀에게 말씀하셨다.

"착하고 착하도다. 너희들이 《법화경》의 이

름만 받아 가지는 이를 옹호할지라도 그 복이

헤아릴 수 없거늘, 《법화경》을 갖추어 받아

지니고 경전에 공양하기를 꽃과 향·영락과

말향·도향·소향·번개와 기악이며, 갖가지

등불을 켜되 소등·유등과 여러 가지 향유등

인 소마나화유등·첨복화유등·바사가화유
등·우발라화유등 같은 백천 가지로 공양하
는 이의 공덕을 말할 것이 있겠느냐.
고제야, 너희 나찰녀들과 너희 권속들은 법사
를 위와 같이 옹호하라."
이 〈다라니품〉을 설할 때에 육만팔천의 사람
들은 모두 모든 법이 평등한 진리를 갖고 있
어 생겨나지도 없어지지도 않는다는 진리인
무생법인을 얻었다.

27. 묘장엄왕본사품

그때 부처님께서 대중들에게 말씀하셨다.

"지난 옛적 헤아릴 수 없고 그지없는 불가사의 아승지겁을 지나서 부처님이 계셨으니, 이름이 운뢰음수왕화지 다타아가도 아라하 삼먁삼불타이시고 나라 이름은 광명장엄이며, 겁의 이름은 희견이었느니라.

그 부처님 법 중에 왕이 있었으니, 이름이 묘장엄이라. 왕의 부인은 이름이 정덕이며, 두 아들을 두었으니 장남은 정장이요, 차남은 정안이라 하였느니라.

이 두 아들은 대단한 신통력과 복덕과 지혜가 있었으니, 이는 오래도록 보살도를 닦은 공덕이라.

즉 단바라밀·시라바라밀·찬제바라밀·비리야바라밀·선바라밀·반야바라밀·방편바라밀과 자비희사와 부처님의 깨달음에 도달하는 서른일곱 가지 수행의 길을 모두 깨달아 통달하였느니라.

또 보살의 정삼매와 일성숙삼매·정광삼매·정색삼매·정조명삼매·장장엄삼매·대위덕장삼매를 얻고 모든 삼매에도 또한 다 통달하였느니라.

이때, 정장·정안 두 아들이 어머니 계신 곳에 가서 열 손가락을 모아 합장하며 말하였느니라.

'바라옵건대, 어머니시여. 운뢰음수왕화지 부처님 계신 곳에 가시지요. 저희들이 모시고 가서 친히 뵙고 공양·예경하겠습니다. 어머니시여, 부처님은 모든 하늘·사람들에게 《법화경》을 설하고 계시니 마땅히 듣고 받아 지녀야 합니다.'

어머니가 아들에게 대답하되,

'너희 아버지는 외도를 믿어 바라문의 법에 깊이 얽매여 계시니 너희들은 아버님께 말씀 드려 함께 가시도록 하라.' 하였노라.

정장·정안이 열 손가락을 모아 합장하고 어머님에게 '저희들은 정법왕의 아들인데 어찌하여 이 잘못된 가르침을 믿는 집에 태어났습니까?' 하니, 어머니가 아들에게 말하였느니라.

'너희들은 너희 아버님을 생각하여 신통변화를 나투어라. 만일 아버지께서 보시면 마음이 맑고 깨끗해져서 우리들이 부처님 계신 곳으로 가도록 허락하시리라.'

이에 두 아들이 아버님을 생각하며 허공으로 솟아오르니 높이가 칠 다라수라. 갖가지 신통변화를 나투되, 허공에서 가고, 서고, 앉고, 누워 보이며, 몸 위로 물을 뿜고 몸 아래로 불을 뿜으며, 몸 아래로 물을 뿜고, 몸 위로

불을 뿜으며, 혹은 큰 몸을 나투어 허공에 가
득 찼다가 다시 작아지며, 작았다가 다시 큰
몸을 나투며, 공중에서 없어졌다가 홀연히 땅
에 있으며, 땅속에 들어가기를 물속에 들어가
는 것과 같고, 물을 밟기를 땅에서와 같이 하
여, 이와 같은 갖가지 신통변화를 나투어서
부왕으로 하여금 마음이 밝고 깨끗해져서 믿
고 이해하게 하려고 하였느니라.

이때, 아버지는 아들의 신통력을 보고 마음이
크게 기뻐하며 일찍이 없던 것을 얻어 합장하
고 아들을 향해 말하였느니라.

'너희들의 스승은 누구이며 누구의 제자인
가?'

두 아들이 말하기를,

'대왕이시여, 저 운뇌음수왕화지 부처님께서
지금 칠보로 된 보리수 아래 법좌에서 온갖
세간 하늘·사람 대중을 위하여 《법화경》을

설하시니, 이분이 저희들의 스승이시며 저희
는 이분의 제자이옵니다.' 하니, 아버지가 아
들에게 말하였느니라.

'내가 너희들의 스승을 뵙고자 하니 함께
가자.'

이에 두 아들이 허공에서 내려와 어머니 계신
곳에 이르러 합장하고 어머님께 말하되,

'부왕께서 이제 부처님의 가르침이 위대함을
믿고 위없이 높고 바른 깨달음을 구하실 마음
을 내었습니다.

저희들은 부왕을 위하여 이런 부처님의 일을
하였으니 원컨대, 어머님께서는 저희들이 부
처님께 출가하여 수도할 것을 허락하소서.'
하였느니라.

이때, 두 아들은 그 뜻을 펴려고 게송으로 어
머님께 말하였느니라.

어머님은 저희들의   출가를 허락하소서.

부처 뵙기 어렵나니   부처 따라 배우리다.

　　　　오랜 겁에 우담발화   부처 출현 더 어려워

　　　　해탈하기 어렵나니   출가 허락하옵소서.

어머니께서 말씀하시되,

'너희들의 출가를 허락하노라. 이는 부처님

을 만나 뵙기 어렵기 때문이라.' 하니, 이에

두 아들이 부모님께 말하길,

'장하시옵니다. 부모님이시여. 원컨대, 곧 운

뇌음수왕화지 부처님이 계신 곳에 나아가서

친히 뵙고 공양 올리옵소서.

이는 부처님 만나 뵙기 어려움이 우담발화꽃

과 같으며, 외눈 가진 거북이가 떠다니는 나

무의 구멍을 만나는 것과 같습니다.

저희들은 과거에 지은 복이 깊고 두터워서 이

세상에 태어나 부처님의 법을 만났으니, 부모

님께선 저희 청을 들으시어 출가를 허락하소

서. 왜냐하면 부처님은 만나 뵙기 어렵기 때

문입니다.' 하였느니라.

이때, 묘장엄왕의 후궁 팔만사천 명이 모두 《법화경》을 받아 지닐 만하게 되었고, 정안보살은 《법화경》을 완전히 익혀 그 믿음이 흔들리지 않는 경지인 법화삼매에 오래 머물러 통달하였으며, 정장보살은 무량 백천만억 겁에 모든 악취를 여의는 삼매를 통달하였으니, 모든 중생들로 하여금 모든 악한 갈래에서 벗어나게 하고자 하며, 그 왕의 부인은 모든 부처님의 가르침을 이해하는 경지인 제불집삼매를 얻어 모든 부처님의 마음속에 있는 깊고 오묘한 경지를 알았느니라.

두 아들은 이와 같은 방편력으로 그 아버님을 교화해서 참된 마음으로 믿고 이해하여 부처님 가르침을 좋아하게 하였노라.

이에, 묘장엄왕은 군신 권속과 함께, 정덕부인은 후궁·채녀 권속과 함께, 왕의 두 아들

은 사만이천 사람과 함께 다 같이 부처님이

계신 곳에 이르러서 발에 예하고 부처님 둘레

를 세 번 돌고 물러나 한편에 머물더라.

이때, 부처님께서 왕을 위하여 법을 설하시어

보여주시고 가르치고 이롭고 기쁘게 하시니,

왕이 크게 기뻐하였느니라.

이때, 묘장엄왕과 정덕부인은, 백천만 냥이나

되는 진주목걸이를 풀어서 부처님을 위하여

뿌리니, 허공 가운데에서 변하여 네 기둥의

보배 좌대가 되고 보배 좌대 가운데에는 큰

보배상자가 있어 백천만의 하늘 옷을 깔았으

며, 그 위에 부처님이 가부좌를 하시고 큰 빛

을 놓으셨느니라.

이때, 묘장엄왕이 생각하기를, '부처님 몸은

드물고 진귀하시고 단정하시며 장엄하시니,

제일 미묘한 색을 성취하셨도다.' 하였느니라.

이때, 운뢰음수왕화지 부처님께서 사부대중

에게 말씀하셨느니라.

'그대들은 묘장엄왕이 내 앞에서 합장하고 서 있는 것을 보느냐.

이 왕이 내 법 가운데서 비구가 되어 부처님의 법을 도우며 법을 부지런히 닦아서 깨달음을 이루리니 이름은 사라수왕 부처님이며, 나라의 이름은 대광이요, 겁의 이름은 대고왕이라.

그 사라수왕 부처님 국토에는 헤아릴 수 없는 보살 대중과 수없는 성문 대중이 있으며, 그 국토는 평평하고 반듯하니, 공덕이 이와 같노라.'

묘장엄왕은 즉시에 나라를 아우에게 넘겨주고 부인과 두 아들 및 모든 권속과 함께 부처님 법에 귀의하여 도를 닦았느니라.

왕이 출가하여 팔만사천 년 동안 부지런히 정진하고 《묘법연화경》을 수행하여 많은 사람들을 구제하고도, 아무런 보답도 바라지 않는 깨끗한 마음이 확고하며 전혀 흔들리지 않는 아

름다운 경지인 일체정공덕장엄삼매를 얻고,
즉시 허공 높이 칠 다라수를 올라가서 부처님
께 여쭈었느니라.

'세존이시여, 저의 두 아들은 이미 부처님 일을
지어 신통변화로 나의 삿된 마음을 돌려서 부
처님의 법 가운데에 편히 머물게 하고 세존을
친히 뵐 수 있게 하였으니 두 아들은 저의 선지
식이옵니다. 지난 과거에 선근을 지어 저를 이
익되게 하려고 저의 집에 태어난 것입니다.'

이때, 운뢰음수왕화지 부처님께서 묘장엄왕
에게 말씀하셨느니라.

'그렇다. 그대의 말과 같으니라.

만일 선남자 선여인이 좋은 씨앗을 심어 놓으
면 세세생생에 선지식을 만나게 되며, 그 선
지식은 부처님 일을 지어서 보여주고 가르치
고 이익케 하며 기쁘게 하여, 위없이 높고 바
른 깨달음에 들어가게 하니라.

대왕이여, 선지식이란 이렇게 큰 인연이니, 교화하고 인도하여 부처님을 친히 뵙게 하고 위없이 높고 바른 깨달음을 얻으려는 마음을 일으키게 하느니라.

대왕이여, 그대는 두 아들을 보는가. 두 아들은 일찍이 육십오백천만억 나유타 항하의 모래 수와 같은 여러 부처님을 공양하여 친히 뵙고 공경하며, 여러 부처님 계신 곳에서 《법화경》을 받아 지니고 삿된 중생을 가엾이 여겨 바른 견해에 머물도록 하였노라.'

묘장엄왕이 허공에서 내려와 부처님께 여쭈었느니라.

'세존이시여, 여래께서는 이 세상에서 매우 보기 드문 분이십니다. 공덕과 지혜로써 정수리의 살상투인 육계에서 큰 빛을 밝게 비추며 그 눈은 크고 길어 산뜻한 남색이며, 눈썹 사이의 흰 터럭의 모습은 옥으로 된 달과 같고,

치아는 희고 고르사 항상 맑은 빛이 있으며, 입술 빛은 붉고 고와 빈바수의 열매인 빈바과와 같습니다.'

그때, 묘장엄왕은 부처님의 헤아릴 수 없는 백천만억 공덕을 찬탄하고 여래 앞에서 한마음으로 합장하며 부처님께 말했느니라.

'세존이시여, 일찍이 없던 일이옵니다. 여래의 법은 불가사의 미묘한 공덕을 성취하며, 그 가르침의 계율을 행하면 안온하고 쾌락합니다. 저는 이제부터 다시는 마음대로 행하지 아니하며, 사견·교만·성냄 등의 온갖 나쁜 마음을 내지 않겠습니다.'

이렇게 말하고서, 부처님께 예배하고 물러갔느니라."

부처님께서 대중에게 말씀하셨다.

"어떻게 생각하느냐. 묘장엄왕은 다른 사람이 아니라 지금의 화덕보살이요, 정덕부인은 지금 내 앞의 광조장엄상보살이니, 묘장엄왕과 모든 권속을 가엾이 여겨 그 가문에 태어났으니, 그 두 아들은 지금의 약왕보살과 약상보살이니라.

이 약왕·약상보살은 이 같은 큰 공덕을 성취하고 헤아릴 수 없는 백천만억 여러 부처님이 계신 곳에서 온갖 덕본을 심어 생각할 수 없이 많고 좋은 공덕을 성취하였노라.

만일 어떤 사람이 이 두 보살의 이름만 들어도 온갖 세간의 모든 하늘과 사람이 예경해야 하느니라."

부처님께서 이 〈묘장엄왕본사품〉을 설하실 때, 팔만사천 사람이 번뇌의 티끌을 멀리하고, 죄악의 때를 벗어나 모든 법 가운데서 맑고 깨끗한 법의 눈을 얻었다.

28. 보현보살권발품

이때, 보현보살이 자유자재한 신통력과 위덕과 명성을 지녀, 끝이 없고 가이없어 헤아릴 수도 없는 큰 보살과 함께 동방으로부터 오니, 지나오는 국토마다 두루 떨면서 움직이고 보배 연꽃이 비 오듯 내리며 헤아릴 수 없는 백천만억의 갖가지 기악이 울려퍼졌다.

또 무수한 하늘·용·야차·건달바·아수라·가루라·긴나라·마후라가·사람인 듯 아닌 듯한 것들 등의 대중에 둘러싸여 각각 위덕과 신통한 힘을 나타내며 사바세계의 기사굴산에 이르러서 석가모니 부처님께 예배하고 오른쪽으로 일곱 바퀴를 돌고, 부처님께 여쭈었다.

"세존이시여, 저는 보위덕상왕불 국토에 있었으나 이 사바세계에서 《법화경》 설하시는 것을 듣고, 끝이 없고 가이없는 백천만억 많은 보살 대중과 함께 이를 듣고자 왔습니다. 원컨대, 세존께서는 저희들을 위하여 설하여 주소서.

만일 선남자 선여인이 여래께서 멸도하신 뒤에 어떻게 해야 이 《법화경》을 얻을 수 있겠습니까?"

부처님께서 보현보살에게 말씀하셨다.

"만일 선남자 선여인이 네 가지의 법을 성취하면 여래가 멸도한 뒤에도 이 《법화경》을 얻으리라.

첫째는 모든 부처님께서 보호하고 생각하시는 바가 있어야 하고, 둘째는 모든 덕의 근본을 심어야 하고, 셋째는 성불이 결정된 사람들의 모임에 들어야 하며, 넷째는 모든 중생을 건지려는 마음을 일으키는 것이니라.

선남자 선여인이 이 같이 네 가지의 법을 성

취하면 여래가 멸도한 뒤에 반드시 이 경을 얻으리라."

이때, 보현보살이 부처님께 여쭈었다.

"세존이시여, 오백세 뒷날에 섞이어 흐리고 악한 세상에서 이 경전을 지니는 이가 있으면, 제가 수호하고 그의 재앙을 덜어주어 안온함을 얻게 하며, 그 법사의 약점을 찾으려는 자가 있다면 그 흠을 찾지 못하게 하리이다.

마군이거나 마군의 아들·마녀와 마녀의 무리·마군이 들린 사람이나 야차·나찰·구반다·비사사·길자·부란나·위타라 등의 사람을 괴롭히는 무리들도 모두 기회를 얻지 못하도록 하겠습니다.

경을 지닌 이가 만일 걷거나 서서 이 경을 읽고 외우면, 제가 여섯 개의 이빨을 지닌 큰 코끼리왕을 타고 큰 보살들과 함께 그곳에 가서 몸을 나투어 공양하고 수호하며 그 마음을 위안해 줄 것이니 이는 《법화경》을 공양하려 함입니다.

경을 지닌 이가 만일 앉아서 이 경을 생각하면, 저는 큰 코끼리왕을 타고 그 사람 앞에 가서 그 사람이 《법화경》의 한 구절 한 게송이라도 잊었으면, 제가 가르쳐서 함께 읽고 외우며 통달하게 하겠습니다.

그때에 《법화경》을 읽고 외우는 이가 저의 몸을 보게 되면 크게 기뻐하고 더욱 정진하며, 저를 본 인연으로 곧 삼매와 다라니를 얻을 것이니, 이름이 선다라니·백천만억 선다라니·법음방편 다라니 등과 같은 다라니를 얻게 하겠습니다.

세존이시여, 만일 훗날 오백세 뒤의 흐리고 악한 세상에 비구·비구니와 우바새·우바이들로서 《법화경》을 구하여 지니는 이와 읽고

외우며 베껴 쓰는 이가 이 《법화경》을 수행하
고자 하면, 스무하루 동안 한마음으로 정진해
야 할 것이니, 스무하루를 채우면 제가 여섯
개의 이빨을 지닌 큰 코끼리를 타고 헤아릴
수 없는 보살과 함께 모든 중생이 기쁘게 볼
몸을 그 사람 앞에 나타내어, 법을 설하여 보
이고 가르치며 이롭고 기쁘게 하며, 그에게
다라니주를 주겠습니다.
이 다라니를 얻으면 사람 아닌 것들이 감히
파괴하지 못하며, 여인들의 유혹을 받지 아니
하고 저도 이 사람을 항상 수호하겠습니다.
바라옵건대, 세존이시여. 저의 이 다라니 주
문을 설하도록 허락하소서.”
하고 부처님 앞에서 주문을 설하였다.

아단지 단다바지 단다바르타데 단다구사례
단다수다례 수다례 수다라바지 붓다바선네

살바다라니아바다니 살바바사아바다니 수아
바다니 싱가바리사니 싱가녈가다니 아승지
싱가파가지 체례아타싱가도략아라체바리데
살바싱가리삼마지가란지 살바달마수바리찰
데 살바살타루다교사략아루가지 신아비기리
지제

"세존이시여, 만일 보살이 있어 이 다라니를
듣게 되면 보현의 신통력임을 알 것입니다.
만일 《법화경》이 사바세계에 퍼져서 받아 지
니는 이가 있으면 이는 다 보현의 위신력이라
고 생각할 것입니다.
만일 받아 지녀 읽고 외우고 바르게 기억하며
그 뜻을 알고 설한 그대로 수행하면, 그 사람
은 보현의 행을 하여 끝이 없고 가이없는 부
처님이 계신 곳에서 선근을 심었음을 알며 많
은 여래가 손으로 그의 머리를 어루만져 주게

되오리다.

만일 베껴 쓰기만 하여도 이 사람의 목숨이 다하면 도리천에 나니, 그때 팔만사천의 천녀가 온갖 기악을 울리며 와서 영접할 것이며 그 사람은 칠보로 된 관을 쓴 채 아름다운 여인들에게 시중을 받으며 놀고 즐기니, 하물며 받아 지니고 읽고 외우며 바르게 기억하여 그 뜻을 알고 설한 그대로 수행한다면 그 공덕이 얼마나 크겠습니까.

만일 어떤 사람이 이 경을 지니고 읽고 외우며 그 뜻을 알면, 그 사람이 목숨을 마칠 때 수천의 부처님들이 손을 잡아주시어 두려움이 없게 하시며 악한 갈래에 떨어지지 아니하고 도솔천의 미륵보살 계시는 곳으로 가리이다.

서른두 가지의 거룩한 모습을 지닌 미륵보살이 보살들과 함께 백천만억의 천녀, 권속들과 함께 있는 그 가운데 나게 되리이다.

이와 같은 공덕과 이익이 있으므로 지혜로운 이는 한마음으로 기억하여 설한 그대로 수행하여야 할 것입니다.

세존이시여, 제가 신통력으로 이 경을 수호하며 여래께서 멸도하신 뒤에 사바세계에 널리 전하여 끊어지지 않도록 하겠습니다."

이때 석가모니불께서 찬탄하시었다.

"착하고 착하다, 보현이여. 그대가 이 경을 지키고 도와서 많은 중생을 안락하고 이익되게 하니, 그대는 생각할 수 없는 공덕과 깊고 큰 자비를 성취했노라.

오랜 옛적부터 위없이 높고 바른 깨달음을 얻으려는 뜻을 내어 신통원력을 세워, 이 경을 수호하니 내가 신통력으로 보현보살의 이름을 받아 지니는 이를 수호하겠노라.

보현이여, 만일 이 《법화경》을 받아 지니고

읽고 외우며 바르게 생각하고 베껴 쓰는 이가

있으면, 이 사람은 곧 석가모니 부처님을 친

히 뵙고 부처님 입으로부터 이 경전을 듣는

것과 같으며 이 사람은 석가모니 부처님을 공

양함이니, 이 사람을 부처님이 장하다고 칭찬

하느니라. 이는 이 사람을 석가모니 부처님이

손으로 그의 머리를 어루만지는 것과 같으며

이 사람을 석가모니 부처님의 옷으로 덮어주

는 것이 되노라.

이런 사람은 세속의 즐거움을 탐내거나 얽매

이지 않으며, 부처님의 가르침이 아닌 경서와

그들이 쓴 글들을 좋아하지 않으며 악한 자,

백정이거나 돼지·양·닭·개를 키우는 자이

거나, 사냥꾼이나 혹은 여색을 파는 자와 가

까이 하기를 좋아하지 않느니라.

또한 이 사람은 마음과 뜻이 정직하며 바른

생각을 지니고 복덕의 힘을 지녀 삼독의 시달

림을 받지 않으며, 질투와 아만·삿됨·증상
만의 시달림을 받지 아니하니라. 이 사람은
욕심이 적어 족함을 알아서 보현보살과 같이
《법화경》의 가르침을 철저히 닦으리라.
　보현이여, 만일 여래가 멸도한 뒤 오백세에
어떤 사람이 《법화경》을 받아 지니고 외우는
이를 보거든, 이 사람은 오래지 않아 깨달음
을 구하여 수행하는 도량에 나아가서 마의 무
리들을 쳐부수고 위없이 높고 바른 깨달음을
얻어 진리의 바퀴를 굴리고 법고를 치며, 법
소리를 불고, 법의 비를 내려 반드시 하늘과
사람 가운데서 사자법좌에 앉으리라고 생각
하라.
　보현이여, 만일 뒷날에 이 경전을 받아 지녀
읽고 외우는 이는 의복·침구·음식 등 일용
의 물품을 탐내지 않아도 소원이 모두 이루
어지며 또한 이 세상에서 복의 과보를 얻느

니라.

만일 어떤 사람이 수행자를 가볍게 여기고 비방하며 '너는 미친 사람이다. 공연한 짓을 하는구나. 마침내는 소득이 없으리라' 하면 이 같은 죄의 과보로 내세에 눈이 없으리라.

만약 수행자를 공양하고 찬탄하는 이가 있으면 이 세상에서 좋은 과보를 얻느니라.

만일 《법화경》을 받아 지니는 이를 보고 그 허물을 들춰내면 그것이 사실이건 사실이 아니건 이 사람은 이 세상에서 백라병을 얻으며, 만일 수행자를 비웃는 자는 세세생생에 이빨이 성글고 빠지고 입술이 추하며, 코가 납작하고 손발이 굽고 뒤틀리며 눈이 비뚤어지고 몸에서 더러운 냄새가 나며, 나쁜 부스럼에 피고름이 나고 물이 배에 차서 숨이 가쁘며, 온갖 나쁜 중병에 걸리느니라.

그러므로 보현이여, 만일 이 경전을 지니는

이를 보거든 일어나서 영접하되 부처님을 공
경하듯 하라."

이 〈보현보살권발품〉을 설하실 때에 항하의
모래 수와 같은 끝이 없고 가이없는 보살들은
백천만억 선다라니를 얻고, 삼천대천세계의
티끌과 같은 많은 보살은 보현보살과 같은 철
저한 실행력을 다 갖추게 되었다.

이와 같이 부처님께서 《법화경》을 설하실 때
에 보현 등의 많은 보살과, 사리불 등 많은 성
문과 하늘·용·사람인 듯 아닌 듯한 것들의
모든 대중이 다 기뻐하며 부처님 말씀을 받아
지니고 부처님께 엎드려 절하며 물러갔다.

사 경 본
법화경 사경④

2021(불기2565)년 2월 9일 초판 1쇄 인쇄
2024(불기2568)년 6월 13일 초판 4쇄 발행

편 집 · 편 집 실
발행인 · 김 동 금
만든곳 · 우리출판사

서울특별시 서대문구 경기대로9길 62
☎ (02)313-5047, 313-5056
Fax. (02)393-9696
wooribooks@hanmail.net
www.wooribooks.com
등록 : 제9-139호

ISBN 978-89-7561-349-4 13220

정가 6,000원